AF366034

Una vida en venta

Francisco Javier Cantera Calvar

© Una vida en venta

© Francisco Javier Cantera Calvar

ISBN papel: 978-84-686-0064-2

ISBN ebook: 978-84-686-0113-7

Depósito legal: M-2210-2012

Editor Bubok Publishing S.L.

Impreso en España/*Printed in Spain*

Lo importante y lo primero es SER.
Pero también parecer, tener en cuenta, que de la forma de
ser, de la manera que transmitas tu imagen y tus ideas,
dependerá en gran medida el éxito en la vida.
(De cómo te vendas)

Índice

Toda empresa, pequeña o grande, se dedique a lo que se dedique, todas las inversiones, absolutamente todo, es con un único fin: VENDER.

Siempre ha sido así, pero a diferencia de años atrás, que lo difícil era fabricar, ahora lo difícil es vender.

Por eso, ahora más que nunca, se es consciente de la necesidad de que todas y cada una de las personas de la empresa, tengan la responsabilidad de una u otra manera, de fomentar la venta de los productos, como la imagen de ella.

Todos, debemos ser vendedores.

El pilar de una empresa es la aceptación de sus productos en el mercado y en consecuencia, imagen y reflejo de sus empleados. Ambas cosas van unidas.

La empresa, todo su equipo, en quien depositan directamente la función de transmitir su imagen y el valor de sus productos, es en el Vendedor.

Y el cliente, en quien deposita toda su confianza, sus ahorros y su ilusión, es en el vendedor, en lo que haya sido capaz de transmitir, de los productos, de la empresa y también de él mismo (como representante directo de toda la empresa).

Teniendo en cuenta esto, tu obligación como vendedor, apoyado por el resto de "compañeros" debe ser aconsejar a esa persona, empresa o familia, a que su inversión sea la más acertada. Así, siempre es, en beneficio, de la empresa del cliente, y de ti.

En resumen, lo primero que quiero transmitirte en este libro es, que si quieres vales, si quieres puedes, pero también la obligación de ser consciente de la responsabilidad que este puesto genera.

Los motivos de escribir este libro es ayudar a muchas personas a encontrar un trabajo, el cual me entusiasma, y aun en época de crisis, cada día se demanda y se necesita más.

Lo he escrito pensando y centrándome en mis hijos, Paula e Ignacio, con el fin de transmitiros y demostraros, de forma sencilla y clara, sin tecnicismos y con todo el cariño, que si quieres dedicarte a esta profesión, puedes y vales, y además, que inconscientemente todos, en nuestra vida diaria, somos sin darnos cuenta unos auténticos vendedores.

El primer interés de los adultos es la salud, pero probablemente el segundo, sea lograr habilidad en el trato con la gente, aprender la técnica de llevarse bien e influir sobre los demás. Eso es vender. Y eso, de una forma u otra es, lo que diariamente intentamos.

Aquí encontraréis el secreto de las ventas, la experiencia del autor, y el mundo de la venta a través de anécdotas, diálogos e historias reales.

Esta parte empieza con una respuesta que le manda el autor a sus hijos Ignacio y Paula. Ella escribió a su padre para decirle que quiere montar un negocio y que necesita su ayuda y sus consejos.

Ellos pueden ser como cualquiera de nosotros que quieren y ven la posibilidad de dedicarse a vender, a comercializar. Vamos a leer la respuesta del padre:

Me alegra que me hayas escrito, y también el que me hayas pedido opinión sobre la idea que tienes de poner un negocio por tu cuenta. No me pones a qué productos te vas a dedicar ni la razón de tu decisión.

Supongo que no has considerado necesario el comentarlo.

Recuerdo, que desde muy pequeña nos decías, de mayor quiero ser tendera. Recuerdo también cuando en el pueblo tú y tus amigas poníais un mostrador que con vuestra simpatía nos vendíais lo que vosotras llamabais productos.

Ya entonces acostumbrabas, a salirte con la tuya, convenciéndonos de ello.

Nos convencías, tu deseo nos lo vendías.

En muchas ocasiones, comentábamos mamá y yo que de mayor, de una forma o de otra, te dedicarías a la venta.

¡Y CÓMO NO!; LA VIDA ES UNA VENTA.

Acuérdate

De tu forma de ser, De la forma en que te expreses, y De la forma que trasmitas tu imagen y tus ideas, dependerá en gran medida el éxito en tu vida.

De cómo te vendas.

Algunas veces, he oído decir, si el vendedor nace o se hace. Como en cualquier profesión el vendedor se hace, aunque es verdad, que cada persona tiene unas dotes determinadas para cada profesión.

Es como una escultura. La escultura se hace, no se encuentra en una piedra paseando por el campo, se moldea. Pero no vale sólo con tener dotes.

Como en cualquier oficio, debes aprender tu profesión.

Tu obligación ha de ser, hacer de ella una especialidad;

Ahora, más que nunca, con la competencia y la gran oferta de productos que existen en todos los sectores.

A diferencia de otras profesiones, aquí no hay reglas mágicas, ni tampoco palabras o frases que te aseguren el resultado, la venta de tu producto. No es como un programa informático que siempre debe ser igual, o una máquina, o cualquier profesión en las que hay que llevar unas pautas siempre iguales, **(se parece más, a una partida de ajedrez).**

El éxito está en saber adaptarte a cada situación, a cada cliente.

Recuerda, no hay un estilo perfecto. En ventas, no existe un estilo único, ni unos argumentos que sirvan para todos, o para cualquier momento de una conversación.

Estoy seguro que las personas con éxito, son las que son capaces de adaptar su conducta a la situación que en cada momento les toque vivir. Este es el secreto, ser capaz de amoldarte inmediatamente a cada situación, a cada persona, a cada conversación. El mercado está siempre repleto de ofertas, pero la persona que dispone de conocimientos, y tiene la capacidad para expresar sus ideas, despertar el entusiasmo entre las personas, tiene prácticamente aseguradas todas las garantías de éxito.

En tu carta, reflejas gran ilusión y convencimiento. Estupendo, porque el convencimiento y la ilusión son los pilares de esta profesión.

La ilusión es directamente proporcional a la actitud que vas a mantener hacia el cliente, y eso se transmite.

Y la ilusión también es convencimiento, en lo que haces y en lo que vendes y eso se transmite y se contagia.

¿Recuerdas cuando paseábamos por la ciudad?

No sólo veíamos escaparates, seguro que por defecto profesional, siempre observábamos lo que pasaba dentro de alguna tienda, y aprovechábamos para hacer comentarios. El escaparate, la exposición, los productos, sus precios, y una tan importante como todas las anteriores juntas, la persona que nos atendía, entre todas las tiendas con éxito, entre varios aspectos que iremos comentando más adelante, en todas había una cosa en común

La actitud del Vendedor.

En todos los casos en los que conocíamos al vendedor, daba la sensación que había hecho de su hobby su profesión.

Pensando en esto, siempre me asombra cuando veo por la televisión a cantantes, periodistas actores, con edades avanzadas, que podían estar jubilados, y no lo están, porque su vida es su profesión, su profesión es su vida, disfrutan trabajando. Sacerdotes, monjas con edades muy avanzadas que conozco, igual, se sienten útiles y necesarios y eso hace que transmitan la sensación de sentirse a gusto con su vida. Y uno puede pensar, sería otro cantar si estarían cavando o quitando malas hierbas. Pues si te fijas, casi todo agricultor que se jubila, seguido tiene una huerta. No es cuestión del tipo de profesión.

Son personas que disfrutan trabajando, y eso siempre se ve reflejado en sus resultados.

Por el contrario, todos conocemos a los que dicen estar hartos de la gente, (clientes) que se les hacen las horas de trabajo interminables. Se pasan las horas, (la vida), mirando el reloj, y cuando salen, qué curioso y qué contradictorio, se pasan sus horas libres, hablando de trabajo con sus amigos y compañeros. Hablan más de trabajo fuera, que dentro de su centro de trabajo.

Lo paradójico es, que cuando están de fiesta, hablan de trabajo con los amigos, y eso no les estresa ni les agobia. Ni tampoco, cuando ese amigo acude a su exposición o centro de trabajo a comprarle algo. Como es amigo, le atiende, le trata y le recomienda, de forma esmerada.

Le da confianza. Le ayuda como amigo y como profesional a que su compra sea la más acertada.

En ese momento no siente estar trabajando. Y lo curioso es, **que es cuando mejor lo está haciendo**, y cuando más ameno y descansado se siente.

Un primer secreto es ser capaz de pasar un buen rato cuando estés con la gente, si esperas que pasen los demás un buen rato cuando estén contigo.

¿No te suele ocurrir a ti, que cuando haces algo mal en casa, enfadarte con tu pareja o por algo, no te centras en el trabajo? Y cuando haces algo mal en el trabajo, llegas a casa y no te centras, no disfrutas de la familia o de tus hobbies. No te lo quitas de la cabeza. Total que cuando no se hacen las cosas bien, es cuando más y peor trabajas.

Posiblemente de igual a lo que uno se dedique. Hoy he trabajado bien, he hecho bien tal trabajo. Me merezco una cerveza, un descanso. Descansas y desconectas. Hoy he descansado, he desconectado, me siento bien. Y después trabajas. Cada cosa a su tiempo. Si no es así habitualmente, es que tienes que cambiar algo, no puede uno estar todo el día renegado, con esa actitud es difícil que salga algo bien. Hay un dicho que dice: si quieres algo que nunca tuviste, tienes que hacer algo que nunca hiciste. En mi caso, cuando más dinero he ganado, ha sido cuando más he disfrutado.

Para empezar, para conseguir esto, tienes que ver en cada cliente que entra por la puerta, a una persona, una oportunidad, un futuro y provechoso amigo. Sabemos que una empresa no es una ONG, pero no quita una cosa para la otra, tú le aconsejas como a un buen amigo a que su compra sea la más acertada, y con ello ganas todo el justo dinero que puedas.

Así que alégrate cuando veas entrar a un cliente por la puerta porque cada cliente es,

Una nueva oportunidad.

Digo esto, porque con el tiempo, llegamos a tener muy habitualmente esta reacción cuando nos entra uno por la puerta, Bufff ,¿que querrá este?,

¿ Te has parado a pensar que el perro es el único animal que no tiene que trabajar para ganarse el sustento? La gallina tiene que poner huevos, la vaca dar leche, el canario cantar, el perro se gana la vida solo con alegrarse siempre de ver a su dueño. Y su dueño, correspondiendo, lo mismo. Así que el primer secreto simplemente es alegrarte y transmitir la sensación de estar encantado en recibirle y atenderle.

Ten en cuenta, que cada cliente que entre en tu exposición tiene un costo, un costo que has invertido, en publicidad, instalaciones, etc., y que debes y tienes la oportunidad de rentabilizar.

Lo primero, antes de empezar;

Como has decidido tu futuro por esta profesión, empieza por entrenar a tu cabeza, enfocando las ideas en un cincuenta por ciento, como una moneda de dos caras. Con una, piensa como vendedor, y con la otra cara, con el otro cincuenta por ciento, piensa como comprador. No solamente pienses como te gustaría vender, primero, **cómo te gustaría comprar**.

Llegaras a esta conclusión, de que a nadie le gusta que le vendan, y por el contrario, a todo el mundo nos gusta comprar.

ASI QUE VENDER ES SIMPLEMENTE; ayudar a la gente a comprar

Atendiendo al Cliente.

Con amabilidad, profesionalidad y seriedad.

A todos nos gusta que nos atienda una persona amable.

Profesional, que sepa de lo que me habla y de lo que me recomienda,

Y seria en lo que dice y en lo que promete.

Para esto debes llevar un proceso.

Una especialización.

Sorprender gratamente al comprador.

Ser especial en tu profesión.

Y ahora piensa en todos los procesos que debes llevar, y la forma que debes llevarlos. Piensa en lo primero que debes de hacer y en lo primero que con total probabilidad debe pasar.

Te lo enumero en el índice.

INDICE

Lo primero que debes hacer es PROSPECCIÓN (1).

Es buscar y localizar clientes. Conocer tu zona de ventas y darte a conocer en ella. Que sepan a qué te dedicas y dónde te pueden localizar.

Algunos de esos clientes contactaran contigo por TELÉFONO (2).

Cuando contestes, tu voz se va a convertir en la voz y la imagen de tu empresa

Luego este cliente visitará tu EXPOSICIÓN (3).

Va a suponer su primera impresión inicial, su estado y su diseño; es lo que primero te va a posicionar y diferenciar frente a la competencia.

Luego le saludarás. EL SALUDO (4).

Es la fase más breve, pero no por ello carece de importancia. Se transmiten muchas cosas con el saludo.

Seguidamente le PREGUNTARÁS (5) lo que desea.

Le preguntarás profesionalmente, ya que tu futura argumentación va ir en base a las necesidades y expectativas de tu cliente. En definitiva averiguarás como has de:

ARGUMENTAR (6). Argumentar convenciendo y provocando el deseo de posesión, pero siempre teniendo en cuenta y asumiendo como algo lógico en todo proceso de ventas, que él te irá poniendo.

OBJECIONES (7). Objeciones a lo que hablas, que tratarás agradable y profesionalmente para que no te incidan negativamente en tu proceso de venta.

Después, PROBARÁS (8). Probarás con él tu producto, le pondrás de manifiesto todas las ventajas transmitidas a través de los folletos, de la publicidad y de tus argumentos dando paso:

A presentar EL PRECIO (9), estando seguro de que has añadido a tu producto todas las ventajas posibles, en cuanto a su utilidad y al valor humano que tú y tu empresa aporta al producto en sí.

Llegará el momento de solicitar EL CIERRE (10). La firma del contrato.

Conseguir un acuerdo global y por consiguiente, un total convencimiento del cliente.

Y llegará el momento de LA ENTREGA (11). La entrega del producto.

Una fase trascendente en el conjunto de una relación que comenzó cuando el cliente entró por primera vez en la exposición, y que seguramente en la retirada del producto sea la fase que más vaya a recordar.

Más adelante le llamaremos o le visitaremos; nos preocuparemos de comprobar qué tal le va. Le sorprenderemos. Comprobará que no somos de los que vendemos, cobramos y olvidamos. Esto es FIDELIZACIÓN (12)

Posiblemente, más adelante, tendrás que tratar sus RECLAMACIONES (13).

En primer lugar porque es una expresión de insatisfacción, y en segundo lugar porque tratándolas con profesionalidad te ofrecen la oportunidad de volver a recuperar la confianza con tu cliente, y posiblemente aún, más reforzada.

¿Y después?

Volveré a contactar con él, a ver qué tal le va. Volveré a recordarle y solicitarle referencias de posibles clientes.

Estarás pensando que esto no se acaba nunca. Pues no.

Ahora que le conoces y conoces sus gustos, sus necesidades y sus predicciones, que sabes todo de él estamos en el mejor momento, en la mejor situación, para hacer de él un fiel comprador nuestro, y un fiel vendedor nuestro.

Así que cuando le veas marchar, cambia el adiós por un hasta luego, hasta pronto.

PROSPECCIÓN

CAPÍTULO 1

Como ya te he dicho antes, prospección es localizar clientes.

A todas aquellas personas o empresas que puedan ser posibles clientes nuestros.

Conocer y darte a conocer en tu zona.

Algunas veces he oído decir, tengo dos vendedores, han salido esta semana a vender, uno ha vendido y el otro no ha vendido nada. Lo primero puede ser pensar que uno vale y el otro no, pero nuestro caso ahora es centrarnos, por qué uno de los dos no ha vendido.

Lo primero, prospección es igual, a estudio de mercado, identificar donde están los clientes potenciales de nuestro producto.

Así que uno ha identificado dónde está el mercado de su producto en la zona. Quienes son y donde están, los clientes potenciales de mi producto, y el otro no.

Ese ha podido ser su primer problema.

Empiezas mal yendo a vender tablas de surf a una residencia de ancianos, o bolsas de agua caliente a la playa, son ejemplos muy dispares, pero es por ser lo más claro en los ejemplos.

Prospección es identificar, en qué sitios se vende nuestro producto, y después, dónde más se pueden vender. Pensar donde este tipo de producto, ahora no está introducido y podía ser bueno y útil. Descubrir, y descubrirles esa necesidad.

Una vez en una fábrica de zapatos mandaron a dos comerciales a hacer una prospección de mercado a África. Después de una semana llamaron al primero y su respuesta fue: Aquí no hay quien venda ni un zapato, si todo el mundo va descalzo, si nadie utiliza zapatos.

Llamaron al otro para contrastar, y su respuesta fue; África es todo un potencial de mercado, esto es un chollo, aquí todos van descalzos, todos necesitan zapatos.

Cuando alguien piensa que es un potencial, un chollo, es porque le vienen a la cabeza un montón de argumentos que daría para que esas personas estuvieran mejor, descubriéndoles los beneficios de su producto.

Como comentábamos, prospección es conocer tu zona, y también pensar, imaginarte cómo podía ser, sus posibilidades, sus necesidades sin cubrir ni descubrir.

Una vez que viajé a uno de los países mas subdesarrollados de África, cualquiera como yo, antes de llegar se ha imaginado y se ha informado de lo que allí se va a encontrar, pero por lo menos en mi caso, lo último que había pensado encontrarme, es a todos con un buen teléfono móvil, encontrarme en medio de la selva, ver una tribu con poco más que un tapa rabos, pero con teléfono móvil. De no creer, ¿verdad?, me parecía como estar viendo una película de romanos con relojes en la muñeca.

Ha habido alguien, una persona, o un equipo en concreto de compañías telefónicas, que ha sido capaz de ver este potencial de mercado, donde cualquiera no vemos más que necesidades, no oportunidades de mercado vendiendo teléfonos.

Con una buena idea para ambos, han creado una necesidad, poder estar comunicados en lugares que anteriormente no se podía, con sus familiares, emigrantes etc., han encontrado y creado unos buenos argumentos para vender un producto, con un buen fin para ambas partes.

¿Por qué una tienda que conocíamos pequeña ha ido expandiéndose? Porque la prospección la ha ido incrementando. Por ejemplo, uno empieza con la intención de montar una panadería en su barrio porque ha detectado esa necesidad. Conoce el entorno, la cantidad de gente que vive, su competencia y después de esa prospección uno decide o no ponerla. Comienza a expandir su negocio, cuando empieza a detectar esas mismas necesidades en otros puntos, hace la prospección en otros barrios. Esa persona que ya tiene su negocio no se queda ahí, sigue haciendo prospección en otras zonas para expandir su mercado. Son ese tipo de personas con inquietudes, capaces de identificar esas necesidades en otros puntos. Creo que la diferencia entre un negocio de barrio y una multinacional, es que la multinacional ha hecho la prospección a nivel global. Todas las empresas nacen siendo pequeñas.

Prospección es conocer e identificar todas las posibilidades de tu zona de influencia.

Pero la prospección no solo se hace al empezar un negocio, siempre y todos los días tenemos la oportunidad de conocer no solo la zona, sino lo más importante, **conocer, tener la máxima información de cada uno de los posibles clientes**. Fundamentalmente esa información nos la van proporcionando los clientes sin pedirla.

¿Recuerdas aquél amigo nuestro que puso una tienda de cocinas en una buena calle del centro?

Cuando le preguntábamos cómo le iba su negocio, si tenía gente en la tienda, nos decía simplemente, que era un buen mes. Cuando no la tenía también simplemente, nos decía que era un mal mes, y si ya era el segundo, toda la conversación se derivaba, que no hay un duro, que la gente no tiene dinero, que las cosas van muy mal que los políticos son un desastre, que la economía etc...., preocuparse más que ocuparse. Ocuparse en buscar soluciones alternativas

Así que, urgentemente enviaba folletos, hacía propaganda en prensa y en radio.

Es curioso, cuantos menos clientes, mas gastos. Y también cuantos menos clientes, menos ingresos y más descuentos.

¿No te parece que toda esa publicidad va al azar?

No sabes nunca si llega al que lo necesita, al que está interesado. Porque si no es así, va directamente a la basura, pensando como todos, en la propaganda que se tira, en el dinero que vale, en los árboles que se destruyen. Creo que lo pensamos todos. Podíamos pensar: "No estará mal, si es lo que hace todo el mundo......".

NO. Casi todo el mundo.

Hubo uno que ahora no recuerdo su nombre, que también había montado un negocio de cocinas. Este no era de los que se quedan sentados de brazos cruzados esperando que entre un cliente por la exposición. Por lo menos, si un día tuviera que cerrar, nos decía, no sería por no haber hecho todo lo que estuvo en su mano.

Al principio no entendía cómo se pueden atraer clientes a la exposición si no es con publicidad.

El contactó con inmobiliarias de su ciudad, con el fin de enterarse quien había comprado piso, a esos, les mandaba publicidad.....No la enviaba al azar.

Además, me decía que localizaba al cliente en el momento más sensible y más fácil de ser influenciado. En el momento más ideal de contactar con el cliente.

Lógico, imagínate que sales de una inmobiliaria de firmar el contrato del piso. De camino para casa, es probable que vayas pensando como amueblarlo, como poner la cocina, y ansioso de hacerlo. Y en ese momento llega tu propaganda.

Da igual si vendieses gafas. Si vendo gafas debo tener contactos con los oculistas.

Si es un coche, imagínate que sabes quién acaba de sacar el carnet de conducir, que sabes quién ha tenido un siniestro, si le han robado el coche o le ha tocado la lotería etc. Lo importante es tener en cuenta que cuanto antes contactes con ese cliente, más oportunidades y más fácil de ser influenciado está.

El cliente de hoy es más exigente, está más informado, pero también es mucho más impulsivo. La gente de antes estaba menos informada pero era menos impulsiva. Ahora como te he dicho, nosotros estamos más informados pero queremos las cosas ya. Preferimos algo peor hoy, que esperar por algo mejor. Hasta para comprar unos pantalones nos fastidia esperar tres días a que nos hagan los arreglos.

Siguiendo la conversación de las cocinas, luego intentó por datos del registro y de notarios. Se dio cuenta de que en un porcentaje alto, cuando habían escriturado el piso, ya habían encargado la cocina. Pero también salieron resultados.

Pensó "¿qué haría yo antes de comprar la cocina?"; comprar el piso, pedir información del crédito, hablar con albañiles, ir a visitar tiendas de cocina (para eso, ya tengo la exposición). Imagina y piensa en todo el proceso que la mayoría de las personas hacemos.

Otro; el amigo tuyo que vende vehículos de ocasión. Ese tendrá o debería de tener muchos contactos, muchas relaciones con las autoescuelas de la ciudad, con compañías de seguros etc..

Más adelante la prospección es más fácil, cuando lleguemos a hablar de fidelización pero antes comentemos esto.

¿Te has fijado que cada vez más, en muchas tiendas te piden el nombre y el teléfono?

Será para mandarte información.

¿Crees que con un nombre y un teléfono recuerdan tus necesidades, tus predilecciones, tus gustos, tus posibilidades? Estas son las preguntas más importantes, y la información más imprescindible para tener las mayores garantías de éxito, en todas las acciones comerciales que hagas. (En parte, esta es, la información a la que me refería que te la va proporcionando el mismo cliente.)

Si no las recuerdas, es probable que a más de uno le pase como a una conocida nuestra, a la que le envían información de trajes de novia seis meses después de haberse casado. Lo curioso del tema es que el vestido lo había comprado allí. Sabían que era clienta, disponían de su contacto, dirección y teléfono, pero está claro, que no sabían, ni recordaban el porqué.

Recuerda, prospección es conocer tu zona, a tus clientes, y disponer de la máxima información de ellos.

Mira qué diferencia, hace unos meses me compre un polar para ir al monte, me atendieron y me recomendaron muy bien.

Pero bueno, a lo que iba.

El otro día, me llamaron a ver qué tal con él - la verdad, me sorprendieron. No imaginé que se acordasen de mí, y no solo eso, recordaban mi nombre, mis gustos, mis necesidades, – Supongo que lo anotarían en alguna ficha que tienen para cada uno de sus clientes en el momento de la compra.

Al preguntarme qué tal con mi polar, me comentaron que les habían llegado unas botas de la misma marca del polar, con unas características determinadas que coincidían con lo que más me gusta, y con un buen precio. Que pasara a verlas sin ningún compromiso.

Digo yo, que me verían mirar botas cuando compré el polar, y comentaría que eso para más adelante, o en ese momento no disponían. Te puedes imaginar; con lo que soy yo para las cosas del monte. Me picó la curiosidad, y en el primer momento que pude pasé. Les agradecí que se acordaran de mí y me avisaran. Me hicieron sentir un cliente importante. Por supuesto que no compre nada antes de pasarme por allí. Cuando lo hice no me pude machar sin preguntarles por qué recordaban o sabían que quería unas botas, de esa marca y características

Durante la conversación, el vendedor me contestó:

No solo se trata de atender todo lo mejor posible al cliente, eso siempre, tan importante es, **aprovechar toda oportunidad que tengamos de tener la mayor información de él, sus comentarios, sus gustos, sus necesidades, sus posibilidades, etc. y APUNTARLO en el mismo sitio que su dirección y contacto.**

Lo que no podemos hacer es quedarnos de brazos cruzados, esperando al azar, que un cliente entre por la puerta.

Además así, cuando hacemos los pedidos, con esta información, historial y la experiencia que tenemos, casi calculamos los clientes y las ventas posibles.

Todo esto es prospección. Buscar, localizar y apuntar todo lo que te puede servir para identificar a cada cliente.

Imagínate a un vendedor que sabe, dónde y cómo localizar a los clientes.

Y también lo que necesita, sus gustos y sus posibilidades. Ese vendedor vale por dos – Por dos buenos. Uno, por lo que vale él, y otro por su información.

El tener información de tus clientes, eso es prospección.

El que una tienda de deportes contacte con sus clubes de montaña, de senderismo, con federaciones de deporte, colegios etc...... Eso es prospección.

Que alguien venda bolsas de agua caliente, y contacte y conozca las residencias de ancianos, lo mismo.

Qué más da lo que sea.

Paula, conocer y que te conozcan en la zona, eso es prospección, conocer, disponer de toda la información sobre los clientes también es prospección.

Siempre hay que hacer prospección. Este no es un trabajo solamente del inicio de un negocio. Con el paso del tiempo los mismos clientes te van proporcionando esa información, lo que necesitan, lo que pueden comprar, sus gustos, imagina saber todo eso, disponer de esa información, **ASI QUE, ANOTALA.**

EL TELÉFONO

CAPÍTULO 2

Cuando contestes al teléfono, tu voz se convierte en la voz y la imagen de tu empresa.

Como te he comentado, tanto cuando llames como cuando contestes, tu voz se va a convertir en la imagen de tu empresa y en la tuya propia. Al teléfono solo dispones de tu voz.

Como cuando haces prospección, atiendes personalmente o preparas tu exposición, igual con el teléfono. Al teléfono también se requiere de un dominio y de unas técnicas, ya que muchas de las llamadas serán para pedirte información, para solicitar algún presupuesto, otras por reclamaciones, y otras serán, la confirmación de compra.

Así que tienes que saber cómo tratarlas. Ten presente que cuando hablas por teléfono careces de todos los aspectos que condicionan al cliente en una entrevista personal, como la exposición, los productos, la presencia y apariencia tuya, componentes de tu personalidad, que también influyen en los niveles de atención y predisposición del cliente. Por este motivo, cuando hables por teléfono, tienes que suplir todos esos aspectos a través de la voz, la sonrisa, el lenguaje, el silencio y la actitud.

Todo ello, tiene que responder a la imagen que debes dar y transmitir de ti misma y de la empresa.

¿Sabes, que con la voz se puede influir en varios aspectos, como tranquilizar, persuadir, convencer, crear confianza ofrecer seguridad?

Te habrá ocurrido en diferentes ocasiones, que cuando hablas con alguien por teléfono que no conoces, no solo te está, para bien o para mal, transmitiendo e influyendo en todo lo anteriormente mencionado. Además, te estás imaginando la edad, la forma de ser del que te está hablando.

Te estás haciendo una imagen de él.

Fíjate en los negocios de líneas eróticas. Profesionales con el teléfono. Te transmiten una imagen, unas situaciones que tu estás imaginando. No lo ves.

Podría ser que te esté hablando alguien que te haría tener pesadillas conociéndola personalmente.

Como te he dicho, a través del teléfono no te es posible mostrar tus productos, tus instalaciones, tus servicios; así que te es necesario que la voz supla todo ello.

La forma es, teniendo en cuenta: **La entonación, y la elocución.**

La entonación es el tono, el volumen de la voz, ya que cuando hablamos con alguien por teléfono, es igual que si la estuvieras hablando al oído.

Observa y piensa cuando alguien te habla a gritos, qué sensación te da.

O cuando alguien te habla muy bajo, que da la sensación de que te está contando algún secreto,

Otras veces con un tono que no capta interés por la conversación.

Todo eso se nota, se percibe. ¿No te parece?

Cuando llamas a alguien y te contesta con un tono cálido y amable, siempre es agradable. Percibes esa sonrisa. Te da la sensación de alegrarse al recibir tu llamada.

Cuando llamas a alguien por alguna necesidad y su tono es interesado y seguro, sientes que te escucha con atención, y te transmite confianza.

Cuando alguien habla, argumenta, con un tono entusiasta, te transmite convencimiento, y cuando llamas a alguien con alguna reclamación y te contesta con un tono tranquilo y conciliador, a ti mismo también, te tranquiliza.

Debes de tener en cuenta todo esto, y recordarlo.

Imagínate estos mismos ejemplos al contrario.

No hace falta decirte que de nada vale todo lo anterior sin tener un aceptable dominio del lenguaje.

Pero este no es vuestro caso.

¿Recuerdas cuando compre el teléfono móvil? Lo compré para que cuando fuera al monte me pudieras dejar mensajes en el buzón de voz, sé que soy muy torpe para esos aparatos. Pero mi problema era simplemente que no sabía usar el buzón de voz. Así que llamé a la tienda. Sonó tantas veces que pensé que ya habrían cerrado; y justamente al ir a colgar, escuché: "Dime". (Fíjate que modo de recibir una llamada, de una empresa especializada en teléfonos)

En ese instante lo primero que pensé, lo primero que pasó por mi cabeza por el modo de contestar, fue que me había confundido de teléfono, así que le pedí disculpas a la persona que me respondió diciéndole que me había confundido, mi intención era llamar a una tal tienda de teléfonos. Y me contesta, "no te has confundido, es aquí". Bueno, sorprendido, (hasta hace poco tiempo, las empresas peor valoradas en atención telefónica han sido las telefónicas), le dije cual era mi problema; simplemente era, que no sabía utilizar el buzón de voz de mi teléfono, si por favor podía explicármelo.

Me dijo que tenía que pasarme con otro departamento. Después de esperar lo que por teléfono parece una eternidad, con una musiquilla de fondo, me contestan, les vuelvo a explicar mi problema y me dice que tengo que volver a llamar y marcar otra extensión.

Le pido por favor si desde su puesto me podría pasar a esa extensión; y después de tener que esperar con la dichosa musiquilla, por fin, llegué a poder hablar con la persona que parecía ser. (Aunque parezca de risa, esto es más habitual de lo que creemos). Tuve que volverle a explicar mi problema, es posible que ya no con el mismo tono de voz que cuando me cogieron por primera vez, y no solo me dio la sensación de no mostrarme interés por su tono de voz, sino que además me dice que le es imposible atenderme ahora, que llame más tarde.

Lo que empezó con una simple consulta, acabo con un gran enfado. Este es un ejemplo, que no tiene mucha importancia, imagínate que la llamada es por algo que te urge, que para ti es de mucha importancia.

Así que, nos volvemos locos por localizar un cliente, y por cualquier tontería fácil de solucionar en la mayoría de los casos, lo perdemos por teléfono.

Muchas veces, por teléfono, se resuelven problemas, y otras, los hacemos más grandes.

Por teléfono aun más que en una conversación personal, tienes que ser capaz de expresarte siendo descriptiva, que evoques imágenes que quieras transmitir, y que evites expresiones que provoquen rechazos.

Y concisa sin enrollarse; manteniendo la atención.

El silencio, de la misma forma que un libro, tiene puntos y comas, en las conversaciones son pausas que se utilizan para enfatizar las frases o las palabras, y para que el otro hable, dejándolo hablar, teniendo cuidado también de que no se sienta abandonado en la conversación. No hagas silencios que hagan parecer que te has marchado, dale breves mensajes sin interrumpirle, como: "entiendo, por supuesto, claro, qué duda cabe"; demostrándole que sabes escuchar, haciéndole preguntas que vea que comprendes.

No hablando a la vez que él.

La sonrisa, aunque parezca que no se ve a través del teléfono, se percibe. Favorece la conversación.

¿No te pasa, que hay personas con las que da gusto hablar por teléfono? Es agradable hablar con ellas. Se percibe en ellas esa sonrisa. Y siempre que percibes esa sonrisa, percibes que se alegra de tu llamada.

Dan siempre la sensación de estar encantadas de hablar contigo.

Como la actitud, también se transmite.

Se nota si alguien te está hablando tumbado etc. o, ¿hablas igual tú, cuando estas sentada que cuando estás cogiendo algo del suelo, o en la cama, o mientras estás haciendo un trabajo? Hasta si estás andando, si consideras importante la llamada, inconscientemente te paras.

Una cosa más, antes de colgar o descolgar el teléfono, acuérdate de no continuar o finalizar la última frase mientras te llevas el teléfono al oído. Estás colgando el teléfono mientras le estás mandando a la M al compañero de al lado. Evitarás algún disgusto y mal entendido.

Cuando vayas a saludar, recuerda que esos segundos iniciales como en toda comunicación son vitales, son los que van a determinar el transcurso de la conversación.

Imagínate que le llamas a alguien y te contesta diciendo: haber, o dime, o medio a gritos, o muy bajito, que parece estar dormido. Como se suele decir nunca hay una segunda oportunidad para dar una buena primera impresión.

Como te comentaba anteriormente aquí igual. Con amabilidad, simpatía y con el tono de voz adecuado, y siempre, con dinamismo, naturalidad y profesionalidad.

A todos nos gusta ser identificados, ser llamados por nuestro nombre, así que si no lo sabes, pídelo amablemente. Por dos motivos:

Uno, para que a partir de ese momento menciones su nombre cuando te diriges a él. (Sin repetirlo demasiado, se natural). Y el otro, porque si tienes que pasar la llamada a otra persona, ésta pueda dirigirse desde el principio por su nombre, evitando preguntárselo de nuevo.

Mira de esta forma el ejemplo anterior.

Buenos días, soy Marta, de Tele Cádiz, ¿En qué puedo atenderle?

Tengo un problema con el buzón de voz de mi teléfono.

¿Con quién tengo el gusto de hablar?

Soy Paula

Un momento Paula, te paso con Raúl de atención al cliente.

Ella pasa la llamada.

Raúl, te paso una llamada por algún problema con el buzón de voz, se llama Paula.

Así él, puede contestar.

Buenos días Paula, soy Raúl, me dicen que tienes un problema con el buzón de voz de tu teléfono...........

También hay veces, que el teléfono puede llegar a ser un problema.

¿Recuerdas el día que fuimos al ambulatorio?

Las personas que estaban en aquel mostrador estaban atendiendo, estábamos en cola, pero no paraba de sonar el teléfono, y no lo cogían. Los dos pensamos, como sea alguien que se está muriendo, pobre de él.

Que mala sensación nos dio.

Pero ahora te voy a contar lo contrario, lo que me pasó el otro día en el banco. Aproveché antes de ir al trabajo, a pasarme por el banco para pedir una información. Me pasaron a la oficina del director. Empecé a comentarle mi problema y al momento, le sonó el teléfono. Lo cogió y habló lo que tenía que hablar. Colgó y volví a empezar de nuevo, y no pasando dos minutos, volvió a sonar otra vez.

Descolgó y se centró en la conversación, mientras a mí me estaba dando la sensación de sentirme olvidado a la vez de estar mirando al reloj, viendo que me tenía que marchar.

De todas formas, casi lo comprendía. Casi.

Cuando colgó, pidiéndome disculpas, me hizo comenzar de nuevo. Seguido, sonó, y debió ser algún amigo, ya que la conversación era sobre algo del fin de semana. El caso es que me levanté y me marché. Seguido, salió pidiéndome disculpas.

Nada más le dije que tenía prisa. Tenía que ir a trabajar. Dije eso, pero no pensaba eso del todo.

Así que el teléfono es una gran herramienta, pero en algunos casos, si no tienes el cuidado necesario, se puede volver en tu contra.

Cuando seas tú la que llames, la que realices la llamada, acuérdate siempre de prepararla igual que una entrevista personal.

Saber si es conocido, lo que pretendes, el guión de la entrevista, objeciones, aclaraciones, lo que pueda interesar al cliente que llamas.

O sea, preparar la llamada, igual que si sería una reunión personal.

¿No te ha pasado alguna vez que te han llamado de alguna empresa, y al colgar, no sabes para qué te han llamado?. Te deja con la sensación de que el que te ha llamado no tiene ni idea, y dejándote claro, que no es la persona idónea para comprarle. Todos queremos comprar siempre a la persona que más sabe.

¿O que hayas sido tú la que has realizado la llamada y te hayas quedado en la misma situación?

Me llama un señor para preguntarme si estaba interesado en un producto, del cual, me había mandado publicidad por correo anteriormente. Le dije que posiblemente sí, pero necesitaba unas aclaraciones antes de decidirme. Le pregunte en qué plazo lo tendría. Me contestó que tenía que preguntarlo. Después le pregunté si estaba en color verde.

Su contestación: Tengo que mirarlo.

Seguido le pregunté las medidas.

Me contestó: es que no tengo el catálogo a mano.

Y por último, si el pago podía ser a treinta días. Pues nada, también me dijo que tenía que consultarlo. Terminó, diciendo que me volvería a llamar, sin preguntarme en qué momento me podría volver a contactar, ya que más tarde me marchaba de viaje dos días, así que tampoco me iba a localizar. Me dio la sensación de no saber nada.

Si lo ideal es tomar el control de la conversación, despertar el interés del interlocutor, hablar con seguridad, no titubear, transmitir profesionalidad, ser breves y concisos, concretar, éste, hizo todo lo contrario.

Concretar el día, y a qué hora es posible.

Todo esto, es muy habitual, es muy fácil que nos pase a cualquiera, y es porque solemos dar menos importancia a una llamada que a una conversación personal y el resultado es el mismo.

El otro día estábamos comentando con otro amigo que en el pueblo queríamos poner una caseta, de esas muy bonitas de madera para guardar las bicicletas, y usarla cuando hagamos el tomate, los pimientos; bueno ya sabes.

Nos comentó que conocía a un chico al que le habían contratado para venderlas. Durante el transcurso de la conversación nos dijo que le estaba resultando duro, ya que le mandaban a visitar zonas de chalets, urbanizaciones, buscar clientes por diferentes zonas.

El caso es que me facilitó el teléfono y le llamé. En ese momento no podía atenderme, que le llamase más tarde, me dijo. Sin preguntarme ni quién era, ni cuál era el motivo.

Llamé mas tarde y me dijo que estaba en una reunión y sentía no poder atenderme. Sin preguntarme el motivo ni el contacto.

Deje pasar unos días y volví a llamarle. Coincidió otra vez que tampoco podía atenderme. Seguramente estaría intentando localizar algún posible cliente. Pasado poco tiempo, mamá y yo, cambiamos de opinión, se nos pasó la ilusión. Como te decía al principio los compradores de ahora somos más impulsivos, eso hace que la ilusión por algo dure menos tiempo, y decidimos no ponerla. Seguramente, en aquel momento, nos la habría vendido.

Quiero decir, que por teléfono también se hace prospección, se cierran operaciones, se localizan clientes, que mi amigo me decía que se volvía loco visitando urbanizaciones, localizando un interesado, y a otros que no hay que buscarlos, los pierde por teléfono.

Sencillamente, si hubiera pedido el nombre, el motivo y el número de teléfono, en el primer momento que tuviera, tranquilamente habría llamado.

Generalmente, en los negocios, contabilizamos lo que ganamos, pero en ningún sitio apuntamos lo que perdemos, y por qué lo perdemos.

Ser conscientes de lo que hacemos inconscientemente, básicamente en eso consiste todo, darnos cuenta de la importancia de cada fase, de la profesionalidad que debemos tener en cada proceso, las repercusiones en los resultados.

Todos estos ejemplos son muy comunes y habituales que nos pasen a cualquiera, la forma más fácil de que no nos pasen es hacer conscientemente lo que habitualmente no hacemos, todo esto lo sabemos todos, lo que pasa es que no nos damos cuenta, no nos paramos a pensarlo.

EXPOSICIÓN

CAPÍTULO 3

El diseño no es simplemente una cuestión de estética.

Representa la imagen de tu negocio

Y de tu marca.

Cuando estamos delante de un escaparate, o justamente entra un cliente a tu exposición, y aún no se ha producido ningún tipo de contacto personal contigo, o con alguien de la empresa, el cliente solamente percibe la imagen de tus instalaciones. La limpieza, su estética, su orden y la atracción de los productos expuestos.

El diseño sirve para diferenciarte y posicionarte frente a la competencia. Atribuirle más valor e imagen a tu negocio.

Dotarle al producto de un valor que va más allá de lo que sirve el propio producto. Posicionar la marca y los productos frente a la competencia.

El diseño no es simplemente una cuestión de estética, representa la imagen de tu negocio y de tu marca.

La mayor parte de la atención del cliente en este momento inicial, en el instante de entrar por la puerta, la dedica a observar el aspecto físico del vendedor y de su entorno (instalaciones)

¿No te ha pasado alguna vez, el haberte saludado alguien por la calle y en ese primer instante no conocerla?

Es porque la tienes situada en tu mente, en un lugar determinado, puede que sea en su trabajo, de traje y corbata, y cuando te ha saludado por la calle en chándal, en ese momento, no has caído en quién es. Así que, inconscientemente, te fijaste en el, en cómo va vestido.

Tú, también eres una parte, y muy importante de la exposición.

Imagina que vas al hospital porque te tienen que operar, y ves a través de una cristalera a un médico que parece ser, es quien te va a intervenir. Mal vestido, con melenas y dos pendientes en cada oreja. Yo en tu lugar, igual me marcharía de vuelta a casa, a no ser que en ese momento me digan, y casi me demuestren, que es un fenómeno en su especialidad. Y la ropa o los pendientes no deberían hacer juicios de valor. Pero los hacen. De entrada no te transmite ningún tipo de confianza, y desde luego, él mismo está haciendo su profesión mucho menos fácil. Sobre todo si es una consulta o un hospital privado. Al hospital público tenemos que ir, nos guste o no.

Con tu imagen y la de tu exposición, atribuyes más valores a tu producto y te diferencias de la competencia.

Muchas veces no hay diferencia entre comer un menú en un restaurante u otro, en cuanto al sabor, la calidad de la comida. Pero, en uno te cobran 20 euros y crees que te han robado, y luego vas a otro, te cobran 40 y te parece barato. Eso es porque valoramos el contenido, el entorno y la atención. Tomarte una cerveza en un sitio o en otro, la cerveza es la misma, de la misma marca, pero el precio no. Y lo entiendes. La diferencia la marca como te he dicho, el entorno, la atención, la imagen.

El cliente, cuando acude a tu exposición, lo que espera y lo que desea es que se corresponda con la imagen del producto que vendes, con la idea que se ha creado del resto de los factores de la marca.

Cuando un señor quiere comprarse un Mercedes, tiene una imagen de lo que espera y quiere encontrarse al llegar al concesionario.

Da igual un restaurante, que un concesionario, que una farmacia. Suponte que vas a una farmacia y la encuentras sucia y desordenada, lo primero que piensas es que igual te venden algo caducado.

Todo esto nos pasa desapercido, porque generalmente no ocurre. En los talleres de reparaciones estábamos más acostumbrados a verlos sucios, llenos de aceite, y sus empleados con los buzos de grasa.

Como estábamos acostumbrados, nos parecía normal. Ahora que vemos talleres embaldosados, limpios perfectamente recogidos y organizados, te sorprende. Lo normal es pensar que ahí te van a cobrar más, pero te dan más confianza. Tú misma estás aumentando más valor al precio de la mano de obra.

Si luego es igual el precio de la reparación, piensas que es barato. Lo que antes no pensabas. Estás valorando como están esas instalaciones, valorando una imagen de profesionalidad, te dan la sensación de dejar tu vehículo en buenas manos.

Ten en cuenta detalles sin importancia, la iluminación de la exposición. Tanto de encenderla cuando es necesario, como de apagarla cuando no lo es, en ambas situaciones producen mala impresión.

Poster, cuadros, elementos decorativos que pongas en las paredes; cuida tanto su cantidad como dónde los pones dentro de la exposición, y mantenlos siempre actualizados, recuerda algunas exposiciones con poster descoloridos anticuados, folletos etc.

Y si tienes prensa o revistas del sector, lee las críticas, no es la primera vez que mientras espero en una exposición de determinados productos, disponen de revistas que en sus comparativas, sale más beneficiado su competencia que su marca.

Aunque tus productos son los auténticos protagonistas de tu exposición, su ubicación no es solamente una cuestión estética.

Observa cómo en grandes almacenes, supermercados, ponen sus productos de primera necesidad, el pan, la leche por ejemplo, o las ofertas, al final de su exposición.

Con el fin de que hasta que llegues a ellos, sutilmente, nos están vendiendo un montón de productos, vas echando al carro, productos que inconscientemente vas comprando.

(Te recuerdo que a nadie le gusta que le vendan.)

Si esos mismos productos de primera necesidad estuvieran en la entrada, los que habitualmente o diariamente compramos, seguramente, compraríamos y nosmarcharíamos. Por eso suelen cambiarlos hasta de sitio. Con el fin de que la próxima vez que los visites, tengas que buscarlos, no vayas derecho a su sitio. Te obligan a ver otros productos, te recuerdan, te provocan otras necesidades. Algún día, pondrán las ofertas a una hora determinada.

O, ¿compras lo mismo cuando vas a comprar con el estómago vacío, antes de comer, que con el estómago lleno, después de comer? (recuerda, cuando te comenté, que aprendas a pensar tanto como comprador, como vendedor)

El sitio y la altura en los que se ponen también afectan al comprador, y también a ti, como vendedor, a recordarte que tienes que venderlo.

EL SALUDO

CAPÍTULO 4

Este es el primer momento en que nos dirigimos personalmente al cliente

Se transmiten muchas cosas con el saludo, y donde uno crea su primera impresión.

.

El foco de atención del cliente en estos segundos iniciales **es tu aspecto personal, tu expresión y el tono de voz utilizado**. Estas tres cosas. Acuérdate que no hay una segunda oportunidad para causar una buena primera impresión.

Es la fase más breve, pero no por ello carece de importancia. No solo es que carezca de importancia, en este momento es donde se predispone al cliente para todo el transcurso de la conversación. Es el momento de saludar. El momento de empezar bien. Se transmiten muchas cosas con el saludo. Pero antes de saludar algunas veces pasa esto;

Cuando entras a una tienda y, casi no te ha dado tiempo ni a cruzar la puerta y te preguntan qué deseas, ¿no te sientes como asaltado, agobiado?

Y por el contrario, cuando entras a una tienda y ves como pasan a tu lado, deprisa, sin decirte nada; que va pasando el tiempo y no te atiende nadie, ¿no te sientes abandonado, indiferente?

Lo ideal es dejar al cliente unos segundos para que se sitúe. Son los segundos que el cliente observa todo lo que le rodea. No creas que son los productos.

Cuando no le puedas atender, reconoce rápidamente su presencia, simplemente con: - un momento por favor, ahora le atendemos. Así el cliente, entiende mejor la espera.

Igual te ha pasado alguna vez, estar en una exposición de alguna tienda, verlosocupados y comprender la espera. Que terminan de atender, y pasan rápidamente delante de ti a dejar o recoger alguna cosa sin decirte nada, que vuelven a pasar a dar algún recado al compañero, y después hacer alguna llamada supuestamente urgente. Tu espera la entiendes mucho mejor, si han reconocido tu presencia diciéndote: - un momento por favor, ahora mismo le atendemos. -Disculpe la espera.

Lo primero que observa el cliente mientras te acercas a saludar y preguntarle que desea, es tu aspecto. Tú eres una parte muy importante de tu exposición, ¿a que no te imaginas entrar en un banco, y salir el director en chándal a atenderte? A que tampoco te imaginas entrar en una tienda de bañadores en la playa y salen atenderte con traje y corbata. Tú eres la primera imagen que tiene que responder a la empresa.

Segundo, tu expresión, es mejor una persona sin experiencia con una hermosa sonrisa, que un doctor en filosofía con cara de pocos amigos. En esos segundos iniciales todavía no has abierto la boca, estás llegando donde el cliente, estas solamente acercándote a él, y ya siente el cliente si estás encantado o no en atenderle. Si te alegra su visita o no.

Tu expresión de cara en estos momentos que te diriges hacia él, lo dice todo.

Si tienes cara de cansado, de agobiado o enfadado, eso

es lo que reflejas, lo que reflejas es lo que con tu mente piensas, y acabo de escribirte que todavía no has llegado donde el cliente, y hasta en tu forma de andar, de dirigirte hacia él, también se aprecia y refleja tu actitud.

Ahora es, cuando llega el momento de saludar.

Si ofreces la mano, cosa que es típico y recomendable, ten presente que se transmiten muchas cosas, muchos pensamientos, y su nombre, importantísima información que debes de recordar.

Cuando saludas, lo normal sería: - Buenos días, soy Ignacio, ¿en qué puedo atenderle?

Utilizando un tono de voz, profesional, agradable, y dando como siempre la sensación de estar encantado de atenderle.

Recuerdo, el otro día en la iglesia, como una señora mayor al darme la mano, me transmitió afecto cariño, al coger mi mano entre las suyas. No me dijo nada, pero transmitió cariño, afecto.

¿Recuerdas cuando nos dio la mano aquel amigo del abuelo militar? Después lo comentamos, nos transmitió respeto, autoridad. Nos transmitió más cosas al darnos la mano que con sus primeras palabras. Esos otros que te dan la mano, que sientes como si estuvieras agarrando la manga de una chaqueta sin nada dentro; transmiten indiferencia por nosotros, y no te digo, si además lo hacen mirando para otro lado.

Y esos que te dan la mano que parece que te la van a aplastar, moviéndote hacia ellos, menos mal que generalmente, suele ser gente conocida.

Fíjate, sí se transmiten cosas en esta fase del saludo, simplemente con la mano, con cada gesto, con tu forma de acercarte hasta él.

Transmite seguridad y profesionalidad; toma nota de su nombre en tu cabeza, y cuando te diriges a él, hazlo siempre por su nombre. Recuerda que el nombre de una persona es, para ella el sonido más importante que puede escuchar.

Escucha atentamente las primeras palabras del cliente y a adáptate a su tipo de lenguaje.

Debes hacer especial hincapié en tratar al cliente, sea cual sea su origen o nivel educativo, con esmerada educación personal. A ellos les cuesta lo mismo el producto. También, con los acompañantes, esposas e hijos. Estate atento porque hay veces que habla uno y paga otro. O paga uno pero decide otro. No restes importancia a los hijos, ya que en muchos casos, más de los que nos imaginamos, deciden ellos, o hacen que los padres indecisos entre un producto y otro, decidan a gusto del hijo por pequeño que sea. Estate atento a todo.

Este es el momento, en que preguntas ¿**QUE DESEA?**

LAS PREGUNTAS
CAPÍTULO 5

Si preguntas qué desea, es para escuchar atentamente "qué desea". Parece una tontería, pero verás por qué digo esto.

Antes de pasar la página, pregúntate primero:

1.- ¿Qué estilo vendiendo, crees que sería particularmente el tuyo?

2.- ¿Cual es la finalidad? Lo que quieres conseguir.

3.- ¿Qué tipo de cliente te parece el más difícil?

No pases de página tan rápido. Piénsalo

1.- Vender preguntando y escuchando, más que hablando. Ese es mi estilo.

2.- Ayudar a la gente a conseguir lo que desean, y sentirse a gusto con lo que han comprado. Con el fin de que, no solo se acuerden de mí cuando tengan que comprar, también cuando sepan de alguien que vaya a comprar. Esa es mi finalidad. Eso es lo que quiero conseguir. **Que me compren y también, que me ayuden a vender**.

3.-Y el cliente más difícil:

El que no habla, el que no sabes si lo que le dices le interesa o no, ni siquiera estás seguro si te escucha o no. Ese es para mí el cliente más difícil. El que no habla. Y son muchos los que no escuchan, o no quieren escuchar más que el precio.

Estarás de acuerdo conmigo en la necesidad de saber preguntar profesionalmente, ya que tu futura argumentación va a ir en base a las necesidades y expectaciones que hayas ido averiguando del cliente. Así que lo primero es, escuchar atentamente.

La técnica de preguntar es la que marca la diferencia entre un vendedor profesional y otro. O entre un vendedor y un dependiente. Esta diferencia no la marca los productos que vendas, como piensan muchos. La diferencia está en cómo lo vendas.

Hay vendedores que de entrada, tienen por costumbre recitar una retahíla de características de toda su gama sin antes preguntar, esos tienen más predisposición a hablar que a explicar los beneficios que le aportan al comprador, todas esas características por las que el cliente, si le hubieras escuchado, sabrías que le interesan .No escuchan. Y como no escuchan no saben si de lo que hablan es de lo que el cliente quiere. No puedes ser interesarte en tu conversación, tu argumentación, si antes no te has interesado.

Así, convertimos clientes fáciles en difíciles nosotros mismos, hablando y hablando sin dejarle hablar. Por eso te decía cuál es el cliente más difícil; el que no habla. Y al que habla, no dejándolo hablar; conseguimos uno difícil de uno fácil. Algunas veces pensamos que nos pagan por hablar, y no es así, nos pagan por vender, por atender bien.

Como te he dicho, el vendedor tiene tanta predisposición a hablar como el cliente a preguntar el precio. Que no hace falta que le vendan nada.......... Dice conocer perfectamente el producto, y nada más necesita saber el precio. Casi seguro, lo que no quiere, es que le metan un rollo, y probablemente tenga la imagen del vendedor, como la de un charlatán, y embaucador. A cualquiera le parece un rollo cuando le hablan de lo que no le interesa. Cuando uno va de pesca, uno no piensa en lo que le gusta a él, sino en lo que prefieren los peces. En ventas igual. Cuando hablas sin preguntar, solo tú presupones que lo que hablas es lo que el cliente quiere escuchar, por lo que está interesado.

Mira, si entra alguien en una agencia de viajes, con el fin de viajar a Jaca (Huesca), y le empiezas hablar y hablar de monte, de todas las montañas y parques naturales que hay, podría ser que dijese, "dígame solo lo que vale el viaje, y el hotel". Porque solamente presupones que lo que le dices es lo que a él o a ellos les interesa. Te parece que argumentas muy profesionalmente y convincentemente pero……, Pues mira, mi idea de viajar a Jaca era por visitar su famosa catedral y los monumentos históricos de la localidad y su entorno. Fíjate, que diferencia puede haber en los motivos de viajar a Jaca de unos a otros. Y los dos vamos al mismo sitio.

Si quieres acertar en tus argumentos, si quieres sorprender, tienes que saber preguntar y saber escuchar, ya que cada cliente tiene unos motivos de compra distintos, aunque sea del mismo producto. Los motivos por lo que lo compra son distintos.

Hay clientes que saben perfectamente cuáles son sus necesidades de compra. Que saben exactamente lo que quieren **o creen saberlo**. Ya que gran parte de clientes, y me incluyo yo, cuando voy a comprar, creemos saber lo que queremos y mostramos una seguridad en nosotros mismos que tampoco tenemos. Cuantas veces nos ha pasado de ir a decididamente a comprar algo en concreto y si nos han atendido, atendido profesionalmente hemos terminado comprando algo distinto, y mejor, ya que no conocíamos ese otro producto, o algo mas nuevo.

Cuando vamos al médico, comprendemos que nos haga toda clase de preguntas posibles, con el fin de podernos diagnosticar perfectamente. Si acudimos a un abogado, lo mismo; no nos puede aconsejar sin preguntar.

¿Imaginas que el médico te receta sin preguntar, y el abogado te aconseja sin preguntar?, y así sucesivamente en prácticamente todas las profesiones. Y, ¿por qué dejamos que nos vendan sin que nos pregunten?. O, ¿por qué compramos sin preguntar? Porque la imagen que tenemos del vendedor, es de una persona con un solo fin, vendernos lo que sea. Ese es el único fin que vemos en ellos, pero la complejidad y la numerosa cantidad de gamas, modelos y versiones, la diversidad de alternativas de compra, hacen ahora más que nunca, establecer una importante relación personal entre el vendedor y el comprador. Todo esto no se puede conseguir, es imposible sin escuchar y sabiendo preguntar.

Hace unos días fui a comprarme un chubasquero. Cuando entré en la tienda, me preguntaron en qué podían atenderme; les dije, simplemente "quiero un chubasquero, no hace falta que se molesten en atenderme". El caso es que me preguntaron, ¿Para qué lo quieres?

Me dieron ganas de contestarle;" para ir de boda". ¿Para qué va a ser?, para cuando llueve. Al atenderme comprendí la pregunta, después de decirle que lo quería para utilizarlo cuando salgo a correr los días que llueve, ella me respondió que no me valía cualquiera de los que estaba mirando, ya que si no transpiraba perfectamente, me empaparía de sudor, quedándome mas frío que si no lo llevase.

Así que me aconsejó en las características del modelo y se lo agradecí. Marchando para casa pensé que, de no haber sido así, me habría equivocado en la compra. Pensaba saber exactamente qué es lo que quería, ya que sencillamente era comprar un chubasquero. Y de esta forma acerté. Lo único que debería haber cambiado es la forma de su pregunta. ¿Para qué lo quieres? Por

¿Qué uso le va a dar?

Así que cuando voy a comprar algo, y me preguntan **profesionalmente,** con el fin de saber y poder ayudarme, lo agradezco y obro en consecuencia. Me ofrece confianza y me transmite profesionalidad.

Al cliente, como a nosotros cuando vamos a comprar, nos gusta y esperamos encontrarnos, sobre todo, a un profesional, y consideramos profesional a alguien que se interese por nosotros, nos escuche, y después, nos oriente, nos informe y nos recomiende. Eso es lo que le gustaría a todo el mundo. Te lo aseguro. Ese tipo de vendedor es el que aporta valor al producto en sí. Estoy seguro que con vendedores así, se vendería mucho menos por internet.

Tu objetivo preguntando, es enterarte de lo máximo posible, con el menor número de preguntas posibles. Que no parezca un interrogatorio.

Así que evita preguntas sin interés, o repetitivas. Realízalas de una en una.

Y preguntas que no puedan ser contestadas, simplemente con un sí o un no.

Y deja hablar al cliente, ya que muchas veces preguntamos pero no dejamos contestar al cliente, seguimos hablando.

Escuchar, es una cuestión de actitud, más que de una técnica.

Aprende a vender preguntando y escuchando más que hablando.

Si te pregunto si tu chaqueta te gusta. Tú me contestas sí o no.

Si te pregunto qué es lo que más te gusta de tu chaqueta, seguramente contestarás que lo que más te gusta es que no pesa, que no te sientes agobiada con ella; el tacto. Y lo que menos, su color, por ejemplo.

Te ha descubierto sus predilecciones. Si vendieses chaquetas, sabrías cuales tendrías que enseñar.

Solamente así acertarás posteriormente en tus argumentos y evitarás hablar en balde de cosas que no interesan al cliente.

Así que, preguntando y escuchando las respuestas, sabrás cuáles son sus necesidades, podrás ser más ameno, concreto y tendrás más posibilidades de venta, y sobre todo, que su compra sea la más acertada. En el ejemplo anterior, el del viaje a Jaca, si lo que le gusta es el monte, probablemente tu consejo sea aconsejarle un hotel, parador o un albergue en el monte rodeado de naturaleza, y todo lo contrario si su idea es conocer el casco histórico de la ciudad.

El cliente si le dejas, a poco que le predispongas, le gusta hablar, sentirse escuchado, importante e interesante, y si se siente así, él mismo te va a descubrir todas sus motivaciones de compra.

Más que venderle, sentirá que le has ayudado a comprar. A elegir bien.

Cada uno tiene unas motivaciones de compra distintas, como comentábamos antes, que deberás ir en algunos casos, sutilmente averiguando. Unos compran por novedad, por una línea vanguardista, la última tecnología. Por tener lo último.

Por estar donde no ha estado nadie de su entorno.

Otros por comodidad, por su facilidad de manejo o por ahorro; comprar más barato; que sea duradero.

Otros por simpatía; comprar al vendedor conocido; Yo siempre compro donde fulanito o porque es la marca con la que más se identifican. Yo siempre compro de la marca tal.

Y otros muchos, por orgullo, el que no se dice y es el más universal de todos los motivos de compra. Por aparentar, superar a otros; testimonio de prosperidad, distinción. Cuanto más averigües más acertada será tu argumentación y más posibilidades tendrás de venta.

Posiblemente estés pensando que todo esto está muy bien, pero, ¿Cuando lo que vendes no es lo que el cliente quiere o necesita? Si preguntas, no siempre o menos veces de las que pensamos, tiene el cliente demasiado claro lo que quiere y lo que necesita. Como decíamos antes, creemos saber exactamente lo que queremos, lo que necesitamos y en muchos casos si nos atienden bien, nos descubren nuevos productos que no conocíamos o que no habíamos caído en ellos.

Pero si es así, y estás pensando eso, ponte tú en la situación de comprador.

Ponte que vas a comprar una camisa blanca, para combinarlo con un traje que tienes, y en la tienda que entras, en ese momento, no tienen, no tienen más que rojas, y te quieren y se empeñan en venderte una roja.

Tú ¿Qué piensas?

Pero imagina a un vendedor, tan fenómeno que sea capaz de que cada veinte clientes, en esa misma situación, venda una. (Hará un 5% más de ventas al año)

Es posible, casi seguro que ese cliente cuando llegue a su casa y lo piense, diga: Ya me lo han vendido.

Y ahora ¿Para qué quiero yo esto? Si esto no es lo que necesito. La verdad es que estos vendedores son unos.........

Y opte por dos cosas. Una, meterlo al armario y olvidarse de ello. Y otra, volver a la tienda a devolverlo y a que le devuelvan el dinero.

En los dos casos, no creo que volvería más por allí. Ni que se lo recomiende a nadie. (Tendrá un 5% más de problemas al año).

Acuérdate de tu estilo de venta, y cuál es tu finalidad. Bien hecha esta fase de las preguntas, con tu ilusión y convencimiento, veras que fácil te supone argumentar.

LA ARGUMENTACIÓN
CAPÍTULO 6

Te será fácil hablar de lo que a él, ahora, sabes que le interesa escuchar.

Argumentar es convencer provocando el deseo de posesión.

El deseo de compra, el ansia de tenerlo.

¿Recuerdas cuando te decía que la ilusión y el convencimiento se transmiten........ se contagian?

¿Recuerdas algún viaje que hayas hecho, que te haya entusiasmado?

Recuerda como se lo contaste algún amigo. Con entusiasmo, entusiasmo también es ilusión, convencimiento. Eso es argumentar.

Sabes que el sueño de vuestro amigo Juan es hacer un viaje a un lugar paradisiaco, que le encanta el mar, en el momento que te encuentras con él, si le cuentas tu viaje que acabas de realizar a una isla, con ese convencimiento e ilusión de tu viaje, es fácil hacerle imaginar el paisaje, la playa, el hotel, las habitaciones, el entorno. Se está imaginando él, allí. Le estás provocando el deseo de realizarlo.

Es muy fácil que piense que envidia, como me gustaría hacerlo a mí. Aquí es donde se refleja y se contagia más la ilusión y el convencimiento.

Así se argumenta, provocando el deseo de posesión.

Si por el contrario, su trabajo diario es estar al aire libre expuesto al sol y le da miedo el mar, a Juan lo que le encanta es un turismo cultural, aunque lo transmitas con el mismo entusiasmo, estate tan segura como el anterior ejemplo que a este le parecerá un rollo y aun más, si encima le quieres enseñar las fotos, a lo sumo esperara con educación a que acabes de hablar para cambiar de conversación o despedirse.

Es por eso que haciendo la fase de preguntas perfectamente, puedes imaginarte cómo se va a sentir él con lo que le vas a vender. La utilidad que le va a sacar a lo que le vas a vender, Como si estuvieras vendiéndole a tu hermano un traje para su boda.

Le preguntas que estilo quiere, te lo imaginas, y tú como profesional que eres, le informas y le recomiendas para que su elección sea la más acertada. Ayudas a que su dinero quede lo mejor invertido posible. Y después te compra, este es el proceso. Preguntar, escuchar, recomendar, y vender, este es el proceso. No es hablar y directamente vender.

Es como pretender ponerte delante de una estufa, y decirle que si no te calienta no le echas leña. Primero le echas leña y después te calienta. Este es el proceso. Primero escuchar y después argumentar.

Y tanto si te compra, como si en ese momento no, se llevara el recuerdo de la atención y profesionalidad tuya.

La ilusión y el convencimiento que transmitas están muy bien, pero tan necesario como esto es tener en cuenta que,

No es posible que argumentes, ni informes, si no conoces perfectamente y estas al día en las características de tu producto; y los de tu competencia.

Sólo conociendo las características de tu producto, te resultará sencillo traducirlas a beneficios.

Beneficio es lo que ofrece una característica técnica, lo que recibirá el comprador de su utilidad. El beneficio que obtiene el comprador de disponer esa característica.

Ten en cuenta siempre que el cliente, lo que compra, por lo que paga, es por beneficios, no por características.

Un cliente no paga mil euros por un ABS. Paga mil euros por la seguridad, por la utilidad que le hayas transmitido y el percibido de esa característica. No le importa el nombre, le importa el precio y su utilidad. Da igual lo que sea,

Un día fui a comprarme un polar y unas botas de monte a una tienda. Los precios de los polares no bajaban de 150 euros, y las botas tampoco. Quería comprarme algo bueno, pero le pregunté si tenían algo más barato.

Me contestaron que no, que sus productos eran de wind stopper y de gore-tex.

Lo que pensé es, que quería comprarme algo bueno no pagar solo por la marca. Así que fui a visitar otra tienda. Una vez que me preguntaron lo que necesitaba, me enseñaron unos polares por los que no pasa el viento, que son muy transpirables, y además de no pesar, son muy calientes. Y unas botas que no calan, transpiran y son muy ligeras. Pensé que me gastaría algo más de lo que en principio había pensado, pero era exactamente lo que buscaba. Al ir a pagar, vi que en el polar ponía wind stopper, y en las botas gore-tex, así que le pregunte si eso era la marca. Me contesto que no. Eso es la característica de la prenda. Y lo que le he comentado; son las ventajas de esa característica. Sencillamente en eso falló la anterior tienda. En la primera, me comentó la característica, y en la siguiente, me comentó la ventaja. Que fue por lo que pague.

Así que en tu producto, enumera las características y tradúcelas una por una a ventajas. Si lo que vendes son polares, y su característica es:

wind stopper————————————————————

no pasa el viento .

Que es transpirable

gore-tex no pesa.

Es muy caliente, no cala.

Transpiran, ligeras. Etc.

Si lo que vendes son bicicletas: cuadro de aluminio o de titanio....ventajas; frenos de disco, las ventajas que sean.

Y si uno es peluquero, cada corte de pelo puede tener un nombre, que aunque me lo diga no tengo ni idea a no ser que me explique sus características y resultados. Ese corte de pelo te hace más delgada o refuerza tu personalidad, o es muy cómodo para hacer deporte, etc. qué más da, qué más da lo que vendas.

El producto, debes mostrarlo de una forma descriptiva, transmitiéndole al comprador unas vivencias que le faciliten valorar positivamente su futuro producto. Da la información acorde al nivel de exigencias y conocimiento de cada comprador, y siguiendo un orden fácil de entender. No presupongas que el comprador tenga un conocimiento del producto, incluso en el caso de que te lo haya comentado. En primer lugar porque puede ser una falsa presunción, y en segundo lugar, porque seguramente nadie sea capaz de enseñarle el producto con tanto detalle como tú. Y habrá muchas veces que el producto tenga más ventajas de las que ya sabe él.

Tu argumentación no tendrá ninguna utilidad si no la haces de forma personalizada. Todos los comentarios que hagas deben de ser acordes con las necesidades del cliente, detectadas con anterioridad (en la fase de preguntas).

Si un cliente quiere una bicicleta de carreras, no le hables de una de trial.

Determina el argumento clave de venta y limítate a él. Ningún cliente se opone a que el vendedor diga muchas cosas, si lo hace con pocas palabras.

Sé concreta.

Sé clara en la exposición de tus argumentos.

Sé prudente en las afirmaciones, evita exageraciones y promesas que no puedas demostrar y sobre todo cumplir.

Sé convincente; es preciso que el cliente perciba que el vendedor conoce su trabajo y está convencido de lo que vende.

No demuestres ansiedad por vender.

Acuérdate siempre que argumentar, es hablar de lo que el cliente quiere, y trata que el cliente se sienta importante, sin hacer elogios baratos, pero ten presente que a todo el mundo le complace una sincera apreciación.

Como comentábamos al principio del libro el convencimiento y la ilusión son DOS de los pilares de esta profesión, el tercero es estar al día en las características de tu producto, y de tu competencia.

LAS OBJECIONES

CAPÍTULO 7

Las objeciones son un signo de interés por parte del cliente, mientras argumentas el te pregunta o a veces rebate, sobre algún tema en concreto

Te permiten enterarte de lo que le interesa y te dan la oportunidad de aclarar sus dudas.

Ponen a prueba tu capacidad para argumentar convincentemente.

Durante el proceso de ventas te pueden surgir objeciones expuestas por el cliente que te incidirán negativamente en el resultado, si no las tratas profesionalmente y con mucha atención. Básicamente existen dos tipos de objeciones: las verdaderas y las falsas.

Las primeras son las que recogen una situación real que le interesa y le preocupa resolver al cliente. Las que se hacen o dan su opinión de forma sincera, para tener más información sobre el producto. Como cuando fuiste a comprar el jersey que te gustaba, pero le preguntaste a la dependienta que te preocupaba que le salieran bolas. Ella te contestó, te explicó y lo compraste. Lo compraste porque tu objeción era real, te preocupaba eso, lo demás te gustaba. Eso es una objeción verdadera.

Cuando fuiste a comprar la bicicleta y después de que te atendieran les dijiste que pasarías otro día porque querías pensarte si comprarla de monte o de paseo. O cuando estabas comprándote aquel abrigo y les dijiste que volverías con tu madre a ver que le parecía. La realidad no era que tenías que pensarte si la bicicleta sería de monte o de paseo, eso ya lo tenías decidido con anterioridad, el problema es que no te habían convencido. Querías ver más, comparar. Al igual que con el abrigo, no necesitabas la opinión de tu madre, si hubieras estado completamente convencida. La realidad es que lo que te enseñó o lo que te decía o la forma de venderlo no te convencía. No te llenaba. Esas son las objeciones falsas.

Lo importante es saber distinguirlas.

Y hay otras. Las objeciones de prueba. Las que son utilizadas por el cliente para valorar tu capacidad y sinceridad de vendedor. Cuando preguntas algo que sabes la respuesta. Cuando te están hablando de algo que no entiendes, que no comprendes; y tampoco estás del todo convencido de que te están hablando, aconsejando bien y tienes dudas que nada mas quieren venderte algo que solo a ellos les interesa.

¿Recuerdas cuando fuimos a aquella floristería a comprar una planta para el jardín? Le dijimos que queríamos una que tuviera flor todo el año, que no se le cayera la hoja.

Nos habló de tantas cosas y con nombres tan técnicos, científicos, que en realidad no sabíamos si nos estaba aconsejando bien o mal. Si lo que decía era cierto o no. Lo que nos gustaba no nos lo aconsejaba. No sabíamos, o por lo menos no podíamos distinguir si lo que decía era así o no.

Por eso le dije que un amigo, me pareció entenderle que había puesto en su jardín un "sobas" o "subus", o algo así. Si tenía eso para verlo. El nos contestó que se llama "Sorbus" o "Arecelo", pero que no nos lo aconsejaba, ya que puede llegar hasta veinte metros de altura y solamente florece entre abril y junio, da frutos que maduran entre octubre y noviembre, su madera es de gran dureza, es un árbol muy ornamental pero en absoluto para un jardín. Como lo había leído el día anterior, comprobé que lo que decía coincidía exactamente, y fue entonces cuando me transmitió y comprobé su profesionalidad. Si lo que me hubiera contestado no hubiera coincidido, o no se hubiera parecido a lo que había leído, entonces tampoco me habría creído nada de lo que me había comentado anteriormente.

Si me hubiera contestado que no lo conoce, aún me habría quedado con la duda. Esas son las objeciones de prueba.

Cuando alguien te está hablando de algo que te interesa, que te parece ameno, y hay algo que no comprendes o que estás en desacuerdo, se lo dices, le preguntas, porque lo que quieres es enterarte comprenderlo; Le has puesto lo que en ventas se llama una objeción.

Cuando alguien te habla te parece un rollo, y además estás totalmente en desacuerdo.....probablemente pase, que o entras en una discusión o Le dices que sí a todo, y rápidamente te vas.

Las objeciones son cuando en algo no estás de acuerdo o se tienen dudas, deben ser un signo de interés por parte del cliente. Te permiten enterarte de lo que le interesa y te brindan la oportunidad de aclarar sus dudas. En todos los casos acepta la objeción, es su opinión, así que compréndela y asúmela como algo lógico dentro del proceso de la venta. Trátala con paciencia y averigua que es lo que preocupa realmente al cliente.

Generalmente la gente que no pone objeciones, o no es comprador, o no es pagador. Digo generalmente. Esos que entran a una tienda o exposición y les parece todo precioso y baratísimo.

Cuando llegue el momento, mantén una actitud positiva. Escucha activamente. Ya te dije que escuchar es más una cuestión de actitud que de una técnica.

Y pregunta. Las objeciones no son siempre lo suficientemente claras. Evita la discusión, no te obceques con el cliente. Tu función no es la de salir ni vencido ni vencedor de una conversación, simplemente es que se convenza. Que tu respuesta la considere una ayuda, una aclaración. . Una vez leí, se ha de enseñar a los hombres como si no se les enseñara, y decirles cosas que ignoran, como si las tendrían olvidadas

Así que no conviertas la objeción en un tema personal, y por su puesto nunca empieces diciendo; le voy a demostrar tal cosa, eso equivale a decir, soy más listo que usted, voy a decirle dos cosas y le haré cambiar de idea. Esto es un desafío, despierta oposición, y hace que quien te escucha quiera librar batalla contigo antes de que empieces hablar. Aun en un tema sencillo es difícil empezando de esta forma hacer que los demás cambien de idea, así que porque hacerlo más difícil. Has de ser más listo que los demás si puedes, pero nunca lo digas. En ciertos momentos se cae en la tentación de mal interpretar al cliente, entendiéndolo como un enfrentamiento personal. De esta forma, confundida y ofendida, prestarás más atención a defenderte y justificarte, que a convencerle. Una vez entro un conocido mío vendedor de tractores en casa de un agricultor con el fin de venderle un tractor de la marca Deere, y lo primero que le dijo casi antes de saludarle ¿Qué? De Deere, ¿verdad? ¡no sirven para nada! Yo no compraría uno ni aunque me lo regalaran. Voy a comprar un tractor tal. Él le respondió; Amigo mío escúcheme. El tractor Tal es muy bueno. Si lo compra no se arrepentirá. Los tractores Tal son fabricados por una buena compañía.

Aquel agricultor quedo sin habla entonces. Ya no hay terreno para discutir. Si me dice que el tractor Tal es el mejor tractor y yo asiento, tiene que callarse, no se puede pasar el día diciendo; es el mejor cuando yo estoy de acuerdo. Abandonaron entonces el tema del tractor Tal y el empezó hablar de su marca. Cualquier vendedor si le empiezan a hablar así hubiera perdido los nervios , hubiera empezado a discutir contra el tractor tal, y cuanto más hablara tanto más discutiría el comprador a favor de la marca Tal y más fácil se lo dejarías a la competencia.

Si discutes, si contradices puedes lograr alguna vez un triunfo, pero un triunfo vacío, porque jamás obtendrás la buena voluntad del comprador. Le has dejado en feo.

No hagas afirmaciones categóricas, evita todo aquello que pueda ofender o incomodar al cliente, poniéndolo más a la defensiva. No harás más que cerrarte las puertas hacia un acuerdo final.

Evita las palabras como: "no es verdad", "tonterías", "absurdo", "¿dónde se ha enterado de eso?", "¿Quién le ha dicho esto?", "escúcheme".

Si alguien hace una afirmación que a tu juicio está equivocada, aun que estés segura de que lo está empieza diciendo; Yo pienso de otro modo, pero quizá me equivoque. Me equivoco con tanta frecuencia, veamos o comentemos los hechos, hay algo mágico en frases como esas, empezando así, nadie en el mundo se pondrá a la defensiva

.Como hemos comentado antes, explícale como si no le enseñaras y enséñale cosas como si fueran olvidadas. Que él lo sienta así, y fundamentalmente delante de los demás. Ya lo sabía, pero en este momento no me acordaba.

Escucha las objeciones, deja hablar al cliente y no presupongas lo que va a decir. Déjale que lo diga con sus palabras y a su manera.

Cuanto más hable, más te estará ayudando a conocerle; y a partir de este conocimiento, a contestar argumentar mas certeramente.

Hace cuatro mil años ya se decía; debes ser diplomático y obtendrás lo que desees.

Demuestra respeto por las opiniones ajenas, y jamás digas que se equivoca

---

LAS PRUEBAS
CAPÍTULO 8

Ahora es el momento de demostrar todas las ventajas transmitidas a través de tus argumentos, de la publicidad, catálogos, revistas etc.

Durante la prueba, el cliente comprobara lo que le querías decir.

Una vez que sabes que el producto que le ofreces es el que satisface las necesidades del comprador, en ese momento debes proponer, la prueba.

Con la prueba, el cliente se sentirá más convencido, y más comprometido (por eso muchos clientes se resisten aceptar probarlo).

Lo que debes conseguir es, suscitarle el deseo de probarlo probárselo, sin presiones que le pongan a la defensiva. Tras la prueba, dará un paso decisivo en su decisión.

Deberás resaltar todas las virtudes. Buscando el disfrute y el reconocimiento del cliente.

Háblale como si ya fuese suyo y aprovecha cuantas oportunidades se te brinden para ir confirmando el interés del clíente, a través de comentarios y preguntas; por ejemplo: "estamos de acuerdo en que el verde............", O "estamos de acuerdo que el modelo es el que realmente le satisface".

Pon mucha atención a las señales de compra por parte del cliente, (ya estas llegando a ese punto al del cierre). (¿Para cuándo lo tendría, etc?) provocando cierres parciales.

Ya hablaremos más adelante, pero el cierre no es cuestión simplemente de un acuerdo en el precio. Por supuesto que es lo más importante, pero tampoco deja de serlo el acuerdo en el plazo de entrega, los regalos, accesorios. Es importante llegar a la fase de cierre con el mayor número de acuerdos posibles cerrados.

Por ejemplo, el plazo de entrega. Cuando vamos a comprar algo, generalmente el plazo de entrega no es lo que más nos importa, es ese momento es algo secundario. Es ese momento lo que queremos es acertar. Que nos lo dejen bien. Después, cuando hemos decidido la compra, cuando hemos dado nuestra palabra o hemos firmado el contrato, nos entra el ansia de tenerlo. Ahora pasa a ser lo más importante.

En ese momento pasa a primer plano el plazo de entrega. A no ser que durante el proceso de venta, nos haya vendido, nos haya convencido que merece la pena la espera. Ya está asumido con anterioridad.

Sin embargo, no debes hablar demasiado durante la prueba. Es mejor no hablar de aquellas cosas que él pueda ver y sentir, dejando que sea el propio cliente el que lo experimente por sí mismo. Que lo experimente, pero el tiempo justo. Que se quede con las ganas de seguir probándolo, con ansia de disfrutarlo, como cuando estás viendo una película interesante y de repente se corta y ponen continuará. Eso, ese es un buen ejemplo:

Los tráiler de las películas son una prueba. Prueban lo mejor de la película. Las mejores escenas en los mejores momentos.

Si tuvieras que comprar unos faroles para la casa del pueblo y estás viendo unos que te están ofreciendo que te parecen preciosos, en ese momento te estás imaginándolos puestos, y te proponen probarlos, verlos puestos: "ya te los pongo para que veas como quedan puestos". En ese momento, todo lo que estabas imaginándote lo ves en realidad, te sorprende, te quedas entusiasmado. Seguido te los quita. Es probable que en ese momento te parezca que no dice nada la fachada de casa sin los faroles. Las mejores escenas en el tiempo justo.

Durante la prueba no hables de aspectos económicos.

EL PRECIO

CAPÍTULO 9

Todo producto tiene un precio que, dicho en sí, no debe ser considerado caro o barato.

No es la primera vez que oímos a alguien decir que lo que vende él, es más difícil porque tiene un precio superior al de su competencia. Que es más caro. Mi opinión es que, simplemente dicho así, no quiere decir mucho; o lo mismo que decir que lo mío es más fácil de vender porque es más barato. Dependerá de lo que vendas, donde y como.

Son conceptos que sólo pueden ser considerados en función de la utilidad que el cliente vaya hacerle. Considero un producto caro cuando vale más que otro y hace la misma función. Percibes la misma utilidad, que hace lo mismo.

Valor del producto = Relación calidad- precio + la utilidad + el concepto del vendedor y de su empresa.

La relación calidad precio es el más objetivo, pero cada persona apreciamos el concepto de calidad de forma diferente.

La utilidad es la presentación que haga cada vendedor acerca de los beneficios de un producto. Lo que pueda aportar a un cliente será lo que realmente valore. Cuanto más útil le resulte al comprador, más económico lo percibirá.

Si alguien me dijera ahora que tiene una oferta de fotocopiadoras y que una de mil euros me la puede dejar en quinientos, lo más fácil es que piense: para las fotocopias que hago yo, ¿Qué necesidad tengo de gastarme quinientos euros?.

Para la utilidad que le voy a dar a una fotocopiadora. Y además, ¿Dónde la meto?. ¿Dónde la pongo?. Así que, lo que al vendedor le parece una ganga, a mí, para la utilidad que pienso que le voy a dar, me resulta cara.

En cambio, recuerdo que un día fui a comprarme unas botas con tu abuela. Las que me gustaban valían unos cien euros y recuerdo que en aquel momento no llevaba más de cincuenta

Antes de que le pidiera a tu abuela esos cincuenta que me faltaban, te puedes imaginar lo que me dijo. Pero hijo, ¿Qué necesidad tienes de gastarte tanto dinero en unas botas, para que el primer día las llenes de barro y agua?. Para ir al monte, ¿Qué más te da?. Cómprate esas de cuarenta, y te vale. Y requetevale dijo. Mejor que me gastases el dinero en unos zapatos para ir bien vestido, así no me importaría comprártelos yo (al no apreciar la utilidad, le resultaban caras).

Sobre todo el agua y el barro es el problema, le contestó la persona que nos atendía. Cuando pasa su hijo la mañana por el monte, por el campo, esas cuatro o cincos horas con los pies mojados empapados. Lo que estas botas aportan a su hijo, es llevar los pies secos y calientes, no se puede estar en el monte con los pies mojados, por mucha ropa que lleve siempre estará helado. Y no solamente eso, disponen de un tipo de suela y sujeción a los tobillos, que hacen mucho más difícil un resbalón o un accidente. Con estas botas, su hijo estará mucho más cómodo y seguro. . Aunque también tiene botas de treinta (cuando apreció la utilidad).

En ese momento tu abuela, no sólo me prestó los 50 que me faltaban; en ese momento ya no le parecían caras. Terminó diciendo: "muchas veces lo barato es caro". Comprando barato, al final lo que haces es gastar dos veces. Dijo

No es caro ni barato, depende de la utilidad que te hayan vendido, de las ventajas, de los beneficios que te aporte.

En los restaurantes hay grandes diferencias de precio que en sí, no consideramos caro o barato. Lo que un bocadillo de tortilla de patata te cobran cuatro euros y te parece caro, en otro te cobran ocho y te parece barato. Como te he dicho, el precio es relativo.

Una cazadora para abrigarte del frío del invierno que tenemos aquí, varía considerablemente el precio de una marca a otra, guardándote del frío exactamente igual. Pagas por la marca. Pero sabemos que no es simplemente eso, compras también la imagen, lo representativo que te aporta llevar esa imagen que te da la marca. Pero ha habido alguien que se encargue de venderte la marca, la etiqueta. De dotarle de un prestigio, de una imagen. Si eso no te venden, si eso no lo aprecias, te resultará cara esa prenda.

Y luego está el valor humano. Me refiero a la apreciación que hace el cliente, acerca de la capacidad del vendedor como profesional y como persona. Comprar al conocido, a la persona que tienes la certeza de que te aconseje sincera y profesionalmente, y que cuentas con él, no solo a la hora de venta, sino también a la hora de algún problema, eso también le añade valor a tu producto. Como te decía en el prologo en quien depositas tu confianza y tus ahorros. Ahora en las Cajas y Bancos los intereses son prácticamente iguales, si son iguales las diferencias las marcan solamente las personas.

Pero estarás pensando que al cliente lo que se le da, es el precio.

Por ese motivo, has de procurar no darlo hasta que tengas la seguridad de que le has vendido todos los aspectos y que éste estará percibiéndolo por debajo del valor que el comprador piense del producto, y.

¿No te ha pasado al entrar en un sitio, y pensar, que bonito es esto, y a la vez estar pensando que será muy caro? O ¿Que alguien te está enseñando algo, envuelto en tantas ventajas y beneficios, y con tanto convencimiento, que por dentro estás diciendo el problema será el precio? La pena es que valdrá un montón de dinero. Piensas eso cuando todavía no te ha dicho el precio.

Es posible que tú misma le estés dando un valor, le estas poniendo un precio que es más alto del que realmente tiene. Si es así, si es menor el precio de lo que estabas pensando, te parece barato. Te parecen baratos productos, que en otro momento o sin explicaciones, te habrían parecido caros.

Sabes que tu madre y yo nunca hemos entendido de cuadros. Pues un día que llovía a cántaros nos metimos en una exposición, donde, cuadros en los que nosotros no veíamos nada, no apreciábamos nada, rondaban los seis mil euros. El señor que estaba allí, nos vino atender, y fue capaz, nos hizo ver, sentir cosas, que unos minutos antes, nos parecía imposible captar. Nos hizo comprender, valorar el precio del cuadro. Pasamos de pensar que aquello no era más que unos botes de pintura en un lienzo con un bonito marco, a entender el precio del cuadro. A ver lo que no sabíamos ver y apreciar lo que no sabíamos valorar. Consiguió despertarnos el interés en su conversación.

Cuando has conseguido todo esto, estarás en la mejor disposición, de presentar el PRECIO.

EL CIERRE
CAPÍTULO 10

Una vez que hayas llevado a cabo todas las etapas anteriores del proceso de venta, es el momento de plantear el cierre de la operación.

El cierre es la culminación de todo proceso de venta.

La negociación, el cierre de la operación, solamente la puedes plantear cuando el comprador está listo para negociar, o sea, cuando te has ganado su confianza y le has demostrado que el producto que necesita es el modelo que le ofreces.

El cliente no desea ser presionado para comprar, pero espera que, en algún momento, el vendedor le solicite el pedido. (Creo que cuando uno liga con una chica hace algo parecido) Tu objetivo es obtener el convencimiento de compra del cliente. Obtener la firma, la señalización del pedido, su palabra, sin que se sienta presionado por el vendedor.

Acuérdate que a nadie le agrada sentir presión por comprar. Todos preferimos creer que compramos, no que nos venden, compramos lo que se nos antoja y con nuestras ideas.

Así es fácil llegar a un acuerdo global con el cliente. Precio, descuentos, regalos, plazo de entrega.

Sí. Desde la posición de comprador, lo ideal sería el hacer una negociación por separado. Tu deber como vendedor, es enfocar una negociación en conjunto. En resumen, este producto tiene este precio, en este momento hay este descuento u oferta, con o sin regalo, y el plazo de entrega es tal. Y si cedes en algo, que sea para directamente cerrar la operación.

De otra forma, haciéndolo por separado, puede ser muy posible que el cliente primero negocie el mejor precio, cuando haya llegado al tope, después negociara los regalos, los complementos accesorios, y después negociara el plazo de entrega. Con lo cual, te dejará con el culo al aire en cada uno de los aspectos. Verás.

Él insistirá que le hagas mas descuento, hasta que llegue al punto, de hacerte poner roja, y tenerle que decir que no solamente es imposible hacerle más, que si lo quiere bien , y si no, lo sientes mucho. En ese momento habrás demostrado, y él habrá comprobado, que ha llegado al tope en su negociación, pero solo en cuanto al precio.

Entonces, empezará una nueva negociación, dirá, bueno vale, ¿por lo menos me regalaras algo? y te pedirá, te negociara cuantos regalos, accesorios, y llegará hasta el mismo límite que en la fase anterior. Después, no cansado, empezará una tercera negociación. Dirá bueno ya que solo me regalas esto, mejorarme el plazo de entrega, volviendo a llegar hasta el mismo límite. No solo estará llevando el control de la negociación, si no que, además, te estará poniendo nerviosa.

Y no solo eso; después, no acaba aquí, terminará su conversación diciendo; "bueno Paula, que dura eres negociando, como no he conseguido lo que quería ya me compensarás en otra ocasión". Todavía es capaz de dejarte en deuda con él. Dejarte en deuda para más adelante con algún problema o reclamación...

Son de esas operaciones que, cuando las haces, no sabes si alegrarte o disgustarte.

Así que, si esta puede ser la forma ideal de llevar una negociación comprando, la ideal vendiendo, es hacer una negociación conjunta y única.

Y como te he dicho antes, si cedes en algo, que sea para no hablar más, para cerrar la operación.

¿Sabes lo que pasa cuando a un ratón le das galletas? Que seguido te pide un vaso de leche.

El precio, los descuentos, los regalos y el plazo de entrega van en un mismo saco.

No transmitiendo ansiedad, necesidad de venta. Pero ten en cuenta que entre no dar sensación de ansiedad de vender, y dar sensación de prepotencia, de tener todo vendido, solamente hay un paso.

Hay veces que sales de la empresa de algún cliente, o él de tu exposición, al que has vendido un producto, y estás contento de haber realizado la operación, pero la última frase del cliente ha sido: "Espero que cuando vaya a recogerlo, tengas algún detalle preparado como....."

O "El plazo de entrega, espero que sea para el día....."

Así quedan flecos, no estás del todo seguro haber finalizado por completo la operación.

Pero hay veces que hay que ir buscando un compromiso, cuando aún quedan las últimas objeciones.

Si se resuelven, satisfactoriamente. Si comprobamos que es cierto...... ¿Comprará el...........?

Procura que en esta situación, nunca quedes como que el vendedor ha ganado una batalla, al demostrar o contestar su duda. El comprador debe percibirlo como una ayuda, tu fin es cerrar la operación y quedar como un profesional de lo que vendes, no pretender quedar más listo que los demás.

Otras veces, aprovechar una objeción. Una vez que el cliente plantea lo que él supone, será la objeción definitiva, ofrece también, la solución como definitiva.

¿Es................todo lo que realmente le preocupa? Si tu objeción es real y no una escusa, el cliente te dará una respuesta afirmativa. En esta que será tu última respuesta, su última objeción, a ser posible debes resolverla más detalladamente de lo que acostumbres a hacer. Y pasar directamente a la firma del contrato o la aceptación de tu pedido.

¿Recuerdas cuando hablamos del jersey que te gustaba? Te gustaba y estabas decidida a comprártelo, pero te preocupaba que le salieran bolas. Te respondió detalladamente la dependienta y diste tu aceptación.

De seguido te preguntó ¿lo pagaras con dinero, o con tarjeta?

La forma más sencilla de lograr la aceptación de tu producto, es simplemente pedirlo.

¿Cuándo quiere que se lo entreguemos? Por ejemplo otra

¿Se lo envuelvo en papel de regalo?

¿Lo vas a poner a nombre de empresa o de particular?

Otras formas son de oportunidad. Mostrando que para el cliente, la adquisición en ese momento, le supone aprovechar una oportunidad única como la subida de precios. Se puede acabar las existencias. Si no compras ahora.

¿No te suena a algo eso? No te ha pasado alguna vez estar viendo algún producto, y el vendedor te dice: cómpralo ahora que suben de precio. O, cómpralo ahora que es el último que nos queda. Y tú qué has pensado

¿Que no te lo crees?

¿Qué si suben ya bajarán, y que si es el último, ya vendrán más? Es porque no tienen tu confianza, no han hecho las anteriores fases o no las han hecho bien.

¿Pero a que sería diferente si eso mismo te lo dijera un amigo?

Si esa persona se ha ganado tu confianza. Si confías en él.

¿A qué entonces sí que te lo creerías?

Lo que te dice lo crees. En esta fase debes haberte ganado su confianza.

Claro que toda confianza se acaba si le engañas. Generalmente a las personas se les engaña una sola vez. Y se suelen encargar de que a sus amigos no les pase.

Hay en algunos casos, que el comprador, a pesar de reconocer que la argumentación que expones es correcta, y de ver y de comprobar que el modelo que le propones cubre todas sus expectativas, e incluso las supera, se muestra remiso a comprometerse.

En este caso, deberás llevar a cabo otro tipo de cierre con otro tipo de objetivo, que será el aplazamiento y el compromiso por parte del cliente de otra cita posterior.

Aunque quizás no es lo mejor ejemplo: es como cuando tienes que poner un collar a un animal asustadizo, en ese momento desconfiado. Le llamas, te agachas, le tiendes la mano. Al fin y al cabo le intentas convencer, intentas ganarte su confianza poco a poco, sin forzar la situación. Y cuando estás muy cerca, si ves que se va a asustar y salir de estampida, retrocedes esperas y vuelves a empezar poco a poco a intentarlo. Haces esto porque si se asusta y sale disparado no tendrás otra oportunidad

Pues en este caso es igual.

Después de lo que has hecho desde que entró por primera vez en la exposición, lo último que querrás es que salga de estampida, o que se marche simplemente diciendo; "Ya me lo pensaré, o con un ya volverá".

Ya que no has conseguido su compromiso de compra, sin que se sienta obligado ni presionado, sutilmente deberás de conseguir el compromiso de otra visita. Es otra oportunidad.

Deberás de fijar día y, si es posible, hasta la hora, mediante algún objetivo que le resulte atractivo al cliente. Como realizarle una prueba o mostrarle algún modelo que en ese momento no estaba disponible, incluso ofrecerle valorar otras alternativas de compra. La cosa es no perderlo. No dejar al azar todo el trabajo, con la esperanza de que vuelva. Diciéndole en estos casos:

"No tengas ninguna prisa, no tienes porque decidirte ahora mismo, consúltalo en casa o con la almohada y mañana nos vemos.

El caso es que aciertes; piénsalo tranquilamente y mañana a las doce, si te viene bien, lo volveremos a probar (si no le viene bien la hora, ya te lo dirá él, y te señalará la que le viene bien, pero habrás conseguido el compromiso de esa hora que haya fijado).

Vienes las veces que haga falta, estoy tan interesado como tú, en que tu compra sea la más acertada.

O, miras otro modelo, comentándole todo ello, sin ninguna clase de compromiso"

El no hacerlo así y forzar la operación, con el fin de dejarla zanjada en ese momento, tiene el riego de que luego le dé apuro volver, a no ser que tenga la seguridad de comprarlo. Pensará sentirse entre la espada y la pared, si no compra.

Algunos clientes entienden la negociación como un autentico reto personal, en el que les debes dejar que se sientan triunfadores. Les suele gustar escuchar, lo fenómenos que son comprando /. El que les digan: "si un día tengo que comprar yo algo, ya me gustaría que me acompañaras". A todos nos gustan los halagos y a este tipo de personas más.

De todas formas en el transcurso de la entrevista con el cliente, en las fases anteriores, inconscientemente te irá dando señales de aviso, en las que te manifestará que está preparado para adquirir el producto. Al margen de estas señales, deberás haber ido realizando cierres parciales, consistentes en aceptaciones por parte del comprador de los argumentos que hayas ido efectuando. Estas aceptaciones debes reforzarlas para que el comprador tome conciencia de lo que va acordando con expresiones como;

"Entonces Ignacio, estamos de acuerdo en….

Ignacio, estamos de acuerdo en que ………… Es lo que deseas".

Esta parte tenla en cuenta desde la fase de la argumentación, ya que cuantos más cierres parciales hayas ido efectuando, mas fácil te será la fase final; El cierre.

Después del cierre de la operación, en el momento en que el comprador dice SI, se compromete con el vendedor, y consigo mismo. Ha dado su palabra.

Piensa que el cliente en general, tiene miedo a que su decisión no sea la más acertada, y también miedo a lo que piensen los demás de lo que ha comprado. Por este motivo debes procurar tranquilizarlo, ofrecerle confianza. Utilizando:

"Ignacio, enhorabuena, estate seguro de que has elegido el producto más adecuado a tus necesidades;" o cualquier otra frase que consideres que le refuerza su decisión, y que aumenta su confianza en una opción bien tomada.

En el transcurso desde que lo vendes, hasta que lo entregas, en el caso de que tu producto no se encuentre en stock, debes darle el plazo de entrega con la máxima exactitud.

No des falsas fechas porque terminaras teniendo problemas en la relación con el cliente.

LA ENTREGA
CAPÍTULO 11

Preocúpate y comprueba que su producto está en perfectas condiciones.

La entrega del producto es la parte más ilusionante para el cliente desde que por primera vez entro en la exposición o contacto contigo. Y en beneficio de ambos, debe continuar siendo, sobre todo, reforzada por el vendedor. Y la fase que más recordara.

Psicológicamente el comprador, hasta que firma el contrato, hasta que da la señalización de su pedido, es como si tuviera la sartén por el mango, y a partir de esa fase, de ese momento, pasa a manos del vendedor.

Hasta aquí todo han sido facilidades, es lo que piensa cualquier comprador, así que es a partir de este momento es, cuando más fácil te será sorprenderle. Lo que el cliente espera, lo olvida. Y solamente lo que no espera, le sorprenderá, y lo recordará.

La recogida de su producto, es la que recordará con más intensidad. Con el tiempo, olvidará otros productos que tuvo en cuenta de la competencia, las negociaciones más o menos duras, etc. Hasta el precio.

Si la recogida es lo que más recordará, (¿te acuerdas del día que recogimos el coche?, ¿el día que nos entregaron nuestro piso etc.?) Por eso, durante el proceso de la entrega, también debes seguir vendiéndote a ti misma, a tu empresa y a la marca.

Si estás en una tienda mirando unos pantalones, y te dicen que si les compras te regalan un cinturón, es fácil que lo interpretes que es un gancho para vendértelo. Si cuando estás en caja pagándolo, viene y te regala el cinturón, te sorprende, lo agradeces, y lo recuerdas. Lo que no esperas, es lo que te sorprende y recuerdas. Por eso la entrega del producto, debe hacerla el vendedor. Hay en empresas que de la entrega se encarga otra persona o departamento, es como que el vendedor una vez que ha firmado el contrato, que lo ha vendido ya no quiere saber más, a mi me daría pena no hacer la entrega, ya que es la parte más bonita y de más satisfacción, y en la fase que más te une con el comprador El vendedor es quien mejor conoce a sus clientes y saben qué es lo que les puede sorprender, con el fin de afianzar vuestra relación.

La explicación del producto debes darla de forma resumida y clara, y también de forma secuencial.

No empieces a explicar el manejo de un teléfono por cómo se hace el desvío de llamadas, luego como se activa el buzón de voz, y después como se enciende. Ten en cuenta que durante la entrega, el cliente no capta más del veinticinco por ciento de la información que le transmites.

Lo que quiere, su ansia, es cogerlo y llevárselo. Procura que el cliente sepa cómo se hace, y que lo haga. Y si en ese momento no puedes darle toda la información, invítale pasado unos días a visitarte con este mismo fin, ya que estará más tranquilo y receptivo. Si queremos que sea un fiel comprador nuestro y un leal vendedor con sus amigos y conocidos, también a nosotros nos interesa, que saque todo el mayor partido posible a su producto. El tenerlo informado, es darle argumentos para que los utilice a favor tuyo y de tu marca.

Si no sabe más del cincuenta por ciento de sus utilidades, cuando lo enseñe, cuando hable o le pregunten de lo que ha comprado, dará el precio y las funciones que sabe. Si lo conoce perfectamente, argumentará con sus conocidos todas las funciones y utilidades de lo que ha comprado y luego dará el precio. Hazle un buen vendedor de tu producto,

Tendrás el colaborador más barato y eficaz que pudieras tener. (Valen más dos palabras suyas en beneficio nuestro ante sus amigos, que unos buenos argumentos tuyos ante desconocidos)

Ese momento de euforia que tiene el cliente durante la entrega, la recogida de su producto, debes de aprovecharla para iniciar la toma de referencias, de posibles clientes que el conozca, anunciarle una próxima visita o contacto telefónico, para saber su satisfacción.

Al final de esta fase dale tus más sinceras enhorabuenas al cliente y a su familia, manifestándole las gracias por la confianza depositada en ti y en tu empresa, y hazle constar, que estas allí para cualquier duda o problema que pudiera surgir. Muchísimas gracias, me tiene usted para lo que necesite. Provocaras que el cliente pronuncie esas palabras mágicas que luego te abrirán tantas puertas, recomendaciones y ventas fáciles. MUCHAS GRACIAS A TI.

(Ten buena fama y échate a dormir)

Nuestro objetivo vender y que te ayuden a vender.

Hasta ahora, si uno vendía vehículos Citroen, por ejemplo, lo que quisiera era que el cliente dijera, que comentase, he comprado un Citroen. No solamente que he comprado un coche. He comprado un Citroen.

Estaría mejor que ese cliente dijera que ha comprado un Citroen en Lasca motor, si ese es el nombre de su empresa. No solo que he comprado un Citroen. Y lo que mejor estaría, lo que debes conseguir es que ese mismo cliente lo que dijese a todos sus conocidos fuese: "¿Sabes?, le he comprado un Citroen a Paula en Lasca motor".

Lo mismo que un médico en su consulta particular. No le es igual que un paciente comente que se ha curado en el traumatólogo que diga que ha ido a la consulta del traumatólogo Ignacio C. y me ha curado. Cada vez se vende más a comisión, o tu mismo producto se vende en diferentes sitios; no solo tienen que saber lo que tienen que comprar tienen que saber a quién deben comprarlo. En esta fase es muy fácil conseguir esto, así que no te la saltes, ahora el cliente no te ve vendedor, no tienes que venderle ni cobrarle nada, solo percibe tu agradable y sincera ayuda, el resto de las fases anteriores las ha olvidado, lo que se lleva es el producto, y lo que recuerda eres tú.

Y a la gente les gusta comentar, decir, quien es la persona que les vende determinados productos. Si esa persona tiene un prestigio reconocido.

Yo le compro a Paula; le gusta que al que compra él sea el mejor y que la gente lo sepa. Tu prestigio es tu curriculum. Tu prestigio facilitará tus ventas. Y como sabes, tus ventas son tus beneficios.

Francisco Javier Cantera Calvar

LA FIDELIZACIÓN
CAPÍTULO 12

Confirmarle y que compruebe que no somos de los que vendemos, cobramos y olvidamos.

El proceso de la fidelización es la fase que más clientes recomendados te va aportar, aparte de ser, la más sencilla bonita y más agradecida, ya que no solamente hablas con un cliente, hablas como mínimo con un conocido. Te has dado cuenta de que esta fase empieza un segundo después de firmar, señalizar o apalabrar el pedido.

Habrás comprobado, te lo he ido escribiendo en los capítulos anteriores, procurando dejarte claro cuál es el fin de nuestra profesión. Hacer de tu cliente un fiel comprador tuyo y un leal vendedor tuyo.

Valen más tres palabras de él, en beneficio nuestro, a un conocido suyo que cincuenta nuestras a un comprador desconocido.

A no ser que venga recomendado por él. Si es así, de esa forma viene más predispuesto a escucharte y a comprar. Tiene referencias.

Así que nada mas tienes que aconsejarlo, ayudarle a que su compra sea la acertada. Este es nuestro fin. O el principio del fin. El fin último, es el hacer todo esto, porque es lo que nos va a aportar nuestros beneficios.

En definitiva, ganar dinero, es nuestro objetivo, como el de cualquier agricultor. Cuida y mima la tierra, si es preciso durante todo un año, y un año de riesgos, sin tener nada seguro, para después cosechar, ganar dinero. Claro está.

Ahora que le conoces, que sabes sus gustos, sus predilecciones, anótalo .Te recuerdo ten un fichero de tus clientes. Un fichero vivo, que esté al día, que cada ficha tenga los datos suficientes que te recuerden todo lo posible de cada cliente. Todo; por lo que compró o por lo que no compró. Aunque esto último es más difícil. Ya te comenté que un vendedor, vale por lo que vale él mismo y posiblemente aún mas, por su información.

Hay empresas que se dedican a proporcionarte información como nombres, teléfonos y su dedicación. Pero solamente tú dispones de sus gustos, sus motivaciones de compra, hasta de saber quién es el que paga y quien es que decide dentro de la familia. Eres algo así como su confesor en esa parcela de su vida como cliente. Lo que es tu mejor arma, tu mejor herramienta, no la dejes simplemente en tu memoria.

Hay algunos que no solamente llaman al cliente una vez, a ver qué tal les va. Hacen algo así como el dos más dos. Quiere decir; le llaman a las dos semanas, porque le ha dado tiempo a disfrutarlo y a enseñarlo. Y le preguntan qué tal les va, resuelven sus dudas, y le preguntan qué les ha parecido a sus conocidos (por si hay alguno que también está interesado).

A los dos meses, por comprobar qué tal está él y nuestro producto. Y pedirle referencias.

Y dos veces al año en fechas que considera oportuno. Su cumpleaños, navidades, con el mismo fin que en las fechas anteriores.

La f idealización no consiste solamente en comprobar y solucionar sus dudas, debes sacar provecho también de ello. Sacar referencias de posibles clientes nuevos. En definitiva, sorprender gratamente y sacar referencias.

Si con el cliente has llevado todos los pasos anteriores, todas las fases correctamente, habrás conseguido una amistad, y a nadie le molesta que le llame una amistad a ver qué tal le va. Pues aprovéchalo.

Lo que te diga, lo que consideres que puede llegar a ser de tu utilidad, lo anotarás o lo solucionarás y también lo apuntaras. En cualquier caso, le sorprenderás.

En nuestra profesión, como en cualquier otra, hay que hacer una serie de cosas para pasar de estar entre los buenos a estar entre los mejores.

Francisco Javier Cantera Calvar

LAS RECLAMACIONES
CAPÍTULO 13

Injustificadas o no, todas son una expresión de insatisfacción. Así que tómatelas todas en serio. Sí un cliente satisfecho te será leal y te recomendara. Un cliente insatisfecho, será el mayor riesgo para tu negocio.

Además, mediante la solución o explicación profesional y rápida, te ofrece la oportunidad de recuperar su confianza y seguramente, aun más reforzada. Por ello, los clientes que reclaman siguen generalmente en la marca. Los insatisfechos, los que no reclaman en la primera ocasión, cambian de empresa y de marca. Son aquellos que se callan, se marchan, y para sus adentros dicen: "Yo, aquí no vuelvo mas". Se callan en ese momento, luego ya hablan más que nadie por la calle.

Sí, un cliente satisfecho no lo comenta de promedio con más de tres personas.

Uno insatisfecho, lo hace con un promedio de diez.

Te comento esto, para que tengas en cuenta que es cinco veces más barato mantener un cliente, que localizar uno nuevo.

Acuérdate desde que empezaste con la prospección, después preparando la exposición, así todas las fases hasta llegar a la entrega. Lo primero que debes procurar es prevenir las reclamaciones. Debes ver donde se originan. Muchas veces se pueden evitar de antemano y puede ser que sea siempre o casi siempre el mismo tipo de reclamación o mal estar.

Y lo segundo, escucha con paciencia su reclamación. Dale la oportunidad al cliente de descargar su enfado. No le interrumpas adoptando una postura prematuramente. Una vez que haya expuesto su reclamación, es una actitud diplomática que muestres comprensión, aunque desde tu punto de vista, su razón no tenga justificación o tu no tengas ninguna culpa. De entrada no le quites importancia a lo que él le está dando mucha. Ni analices la cuestión de culpabilidad en presencia del cliente. Eso de echar culpas a un compañero, o a un empleado, o a la marca, inconscientemente lo que puedes conseguir, es que el cliente piense que tú puedas ser un buen profesional, pero lo que te rodea no lo es en absoluto. Así que puede hablar más o menos bien de ti, pero no de tu empresa o de tu marca. Con lo cual no volverá a comprar en tu empresa.

Un hombre compro un traje en una tienda del centro de la ciudad, el traje le decepciono, la tinta del cuello era mala y le manchaba el cuello de la camisa. Así que llevo el traje a la tienda busco al vendedor y le dijo lo que ocurría. Su contestación fue, lo siento eso es una exageración, quiso volver a explicárselo pero no pudo, se vio interrumpido. Hemos vendido miles de estos trajes y esta es la primera queja que recibimos.: Esas fueron sus palabras y su tono de voz peor, con su tono el hombre lo que entendía es: usted miente ¿Se ha creído que nos va a engañar? En el calor de la discusión vino un segundo vendedor. Todos los trajes oscuros pierden un poco de pelusa al principio. No hay remedio. Por lo menos todos los de este precio. Así que este término por hacerle perder aun más los nervios. El primero ponía en duda su honradez, y el segundo que había comprado algo de segunda categoría. Cuando estuvo a punto de mandarles a … y que se metan el traje por donde les quepa, apareció el que parecía el jefe de sección y modificó completamente la actitud de aquel cliente, convirtió aquel cliente montado en cólera en un cliente satisfecho. ¿Cómo lo hizo?

Primero escucho todo lo que tenía que decir aquel cliente, sin pronunciar una palabra. Simplemente le escucho con atención. Segundo cuando termino y los otros dos vendedores empezaron a ventilar sus opiniones discutió con ellos desde el punto de vista del cliente. No solamente dijo que evidentemente tenía el cuello sucio, sino que insistió que en esa tienda no se debía vender nada que no diera satisfacción completa al cliente. Tercero admitió que no sabía cuál era la causa y le dijo sencillamente ¿Qué quiere que hagamos con el traje? Haremos lo que usted diga. Unos minutos antes estaba dispuesto a tirarles el traje a la cara, pero en cambio respondió: Quiero su consejo, quiero saber si este defecto es solo temporal y si se puede hacer algo para que no suceda. El jefe le sugirió que usara el traje otra semana y si todavía no se ha resuelto le entregáramos otro que le convenga. Ese hombre salió de la tienda satisfecho, el traje le dio completa satisfacción pasado esa semana y su confianza en la tienda también.

Hay dos tipos de reclamaciones: las justificadas y las injustificadas.

Las justificadas. Trátalas de corregir lo más generosamente y menos complicadamente posible. Puede ser conveniente que le preguntes al cliente simplemente cómo se imagina él la subsanación. De este modo es él quien tiene que actuar, tomar la iniciativa y, en general, se limitará a una propuesta aceptable. Y si no es así, estás a tiempo de presentarle una contra oferta.

Las injustificadas. Estas son un caso aparte. En la mayor parte de las ocasiones, la causa no reside en un mal entendido fácil de aclarar. Con frecuencia se trata de los llamados clientes problemáticos; y en muchas o algunas; ocasiones, con marcadas pretensiones.

En este caso Paula, ármate de paciencia, de gran habilidad y mucho tacto, ya que también debes pretender satisfacer a este grupo de clientes. Dependerá de cada caso en particular, cuanta deferencia debes mostrarle. Me llama la atención anuncios de televisión de importantes marcas que se enorgullecen de decir que nueve de cada diez clientes recomiendan su producto, dan por hecho que un 10% estén descontentos. En muchas ocasiones compren lo que compren. En cualquier caso

Mantente amable y razonable, y argumenta lo más convincentemente posible. Suelen ser efectivos, contra preguntas, contestar con otra pregunta, (como se suele decir, "pareces gallego") que le obliguen a pensar él mismo. Tramita todas las quejas o reclamaciones de forma rápida, sencilla y eliminándolas de forma duradera.

Paula, en principio, cualquier forma de insatisfacción es una reclamación, independientemente de la forma de su presentación.

No minimices nunca una reclamación ni te la quites de encima, si no es de mucha importancia, ya que también te será fácil solucionarla. La que minimices se hará grande antes de lo que piensas.

Deja que acaben de hablar, que reclamen con tranquilidad y escucha con interés. Ponte en su postura, acuérdate de algún día que hayas expuesto tú una reclamación. Pero interrumpe cortésmente a esos que reclaman a voces, acompañándoles a un sitio aparte, fuera de la exposición. Obligando a reflexionar a los clientes alterados, mediante preguntas (cuándo, cómo, qué, dónde).

Y para finalizar, pregunta al cliente si está de acuerdo con el arreglo propuesto, pídele disculpas, y acompáñale a despedirle a la salida.

Y si uno o dos días después de solucionar la reclamación vuelves a contactar con él por teléfono para preguntarle si ha quedado satisfecho. Sería perfecto.

Francisco Javier Cantera Calvar

CONCLUSIÓN

Cuando unos padres se ponen a buscar colegio guardería para su hijo, contacta con los colegios, pide referencias y se dan a conocer en esos centros, solicitando una plaza. Lo que estás haciendo, inconscientemente, es lo que en nuestra profesión se llama **prospección**; conocer, clasificar, y darse a conocer en los centros que están interesados.

Cada vez que te oigo hablar por **teléfono,** observo la diferencia que tienes cuando lo haces con tu amigo. O, cuando hablas con tu amiga, que en esos momentos la notas preocupada por alguna razón. O, cuando te llama tu jefe.

Adoptas un tono de voz muy diferente con cada uno de ellos, al igual que una actitud también diferente. O, cuando descuelgas una llamada de alguien que no te interesa, que no habrías descolgado sabiendo quien era. En cualquiera de los casos, consciente o inconscientemente, transmites con tu sonrisa en algunos casos, con tu tono de voz, sensaciones, imágenes distintas con cada uno de ellos. Sugerente, persuasivo, encantada de recibir la llamada con tu amigo. Un tono tranquilizador e interesada, con el problema de tu amiga.

De seguridad, profesionalidad con tu jefe.

O, de indiferencia con esa otra persona que de saber quién era no hubieras descolgado.

Y cuando vas a recibir una visita en casa, la recoges, la preparas y la limpias a fondo todo lo mejor posible, con el fin de dar la mejor impresión posible, tú casa al igual que tú misma. Lo mismo que cuando hablábamos de la **exposición.**

Cuando la recibes, dependiendo a quien y en qué momento, con tu **saludo** y con tu expresión, le estás transmitiendo cariño, respecto, agradecimiento. Encantada de recibir su visita. O, también lo contrario.

Cuando te encuentras con tu amiga le **preguntas** qué tal le va, si tiene alguna novedad, le escuchas atenta y interesadamente, o bien le das tú una noticia. Tú le preguntas y ella te pregunta.

Os preguntáis interesadamente, porque es la forma de poder empezar una conversación, saber de lo que os apetece hablar.

¿Qué tal con tu amigo?

¿Sabes que me he comprado un coche?

¿Qué tal el viaje que has hecho?

Preguntas para empezar la conversación, para saber su opinión y después poder dar la tuya.

En definitiva, seguido

Argumentas tu conversación con el fin de venderle tus ideas en tu conversación. Hablas transmitiendo imágenes, convencimiento e ilusión con tus palabras

Y comprendes todas las posibles discrepancias, normales de cualquier conversación, mutuamente interesante, que sin ningún ánimo de ofenderle tú rebates con el mismo fin, convencerle de tu opinión. A esto es lo que me refería en las **objeciones.**

Todo esto es muy común en la vida diaria.

También lo es, que si tu conversación es sobre algo que has comprado, sin que se sienta presionada, más bien procurarás que se sienta ilusionada y interesada; le invitas, no solo a verlo, **ahora a probarlo**, con el fin de demostrarle todas las ventajas de las que le has hablado. Primero le cuentas tu viaje y después se lo demuestras, le enseñas las fotos.

Le has demostrado, con tu ilusión y convencimiento, el acierto de tu compra.

Y todo esto lo he comprado por este **Precio**. Inconscientemente le has presentado el precio una vez de estar segura de haberle comentado y demostrado (en las pruebas) todas sus características y ventajas. Te aseguras de que no piense que te han engañado, o has comprado caro. (Que sabes comprar)

Y si te ha han sorprendido cuando te lo han entregado. Dices a quien y en donde lo has comprado. Lo he comprado en tal sitio, o he comido en tal restaurante o dormido en tal hotel. (Que sabes dónde comprar)

De vez en cuando llamas a tu amiga no por pedirle algún favor, simplemente a ver qué tal le va. ¿Verdad? A interesarte por ella. A contarle y que te cuente novedades (esto es **fidelización**).

Y cuando has tenido algún **problema** con ella o un mal entendido, procuras no tirar por la borda esa amistad, lo intentas por todos los medios solucionar y que no vuelva a pasar.

Una vez solucionado, mas tarde, al poco tiempo, le vuelves a llamar, para estar segura de estar zanjado el tema, y fuera de rencores. Así se demuestra una amistad.

Todo esto es común en nuestra vida diaria. Dedíquese uno a lo que se dedique, todos somos inconscientemente vendedores, tanto en nuestra vida personal como profesional.

La diferencia es, que a partir de ahora, a partir de este momento, lo que has hecho inconscientemente, tu obligación es hacerlo

CONSCIENTEMENTE.

En definitiva, harás de tu vida,

UNA VIDA EN VENTA

Enero

Hijos, si en vuestra próxima carta me decís que os ha gustado lo que os he escrito, me sentiré halagado.

Pero cuando me sentiré entusiasmado, es cuando lo pongáis en práctica y os dé resultado.

DESPEDIDA

El motivo de esta explicación de despedida, puede parecer que no viene a cuento en un libro de ventas y os puedo asegurar que son inquietudes, preocupaciones y actitudes que en esta profesión todos, no solo hemos pasado si no que seguimos pasando , y desde la experiencia estoy seguro que es importante tenerlo presente, sabiendo lo que te va a ocurrir es más fácil asumirlo comprenderlo y actuar en consecuencia. Como comentábamos al principio del libro en esta profesión no hay unas reglas mágicas que te aseguren un resultado ni una regla o una actitud con la que aciertes en el 100% de las personas, así que debes de elegir una, debes de elegir una con la que quieras distinguirte, optar por tu estilo de ventas de atención al cliente, tus objetivos profesionales y también los personales, ya que van muy unidos en esta profesión tu estilo de vida, tus valores, con tu estilo de ventas y atención al cliente. Es tal la presión, la necesidad por vender, que probablemente en estos momentos más que nunca uno tiende a olvidarse de unos principios y valores pensando que no hay sitio para ellos, al igual que un deportista que es tal su obsesión por ganar que termina dopándose perdiendo de igual modo su carrera y su salud. La presión y la competitividad es tan fundamental como necesaria, es la que te marca la fuerza de voluntad para conseguir cualquier triunfo en la vida, pero tan importante es, que tú tengas unas reglas, unos valores, siendo consciente que no vale ganar de cualquier forma, vender de cualquier modo, porque te puedo asegurar que ganaras partidos, puntuales elogios, pero no ganaras la liga. Es curioso que oigamos que esta crisis ha venido por vender mucho, ha sido por vender de cualquier manera con un único fin, vender como sea, a quien sea, creando unas necesidades de consumo tan grandes aparentemente tan profesionales que nos han llevado al fracaso, a no poder cobrar lo que hemos sido capaces de vender, así que viendo lo que vemos me parece tan importante como necesario pararnos a pensar como es nuestro estilo de vida y en consecuencia nuestro estilo de ventas. Todo esto lo he pensado lo pienso y sentido en mi profesión.

Parte final Carta

Hola papa;

Ya llevamos unos meses dedicándonos a vender, a comercializar, si te decimos que estamos muy contentos es cierto, y que muchas veces recordamos y pensamos lo que un día nos dijo el primo, (a vosotros os pagan por hacer lo que los demás hacemos cuando estamos de fiesta, por hablar, por conocer personas.) Pues es cierto.

Pero si te decimos que muchas veces dan ganas de tirar la toalla, también es cierto, imagino que como en cualquier trabajo, pero en este se siente la presión de unos objetivos marcados que no siempre depende el cumplirlos del esfuerzo ni de las horas de trabajo que uno invierta, y eso desespera. Es una profesión que a diario te están y estás comparándote no solo con el número de ventas de nuestra competencia, también, con las de tu compañero, el éxito mío es la comparación, el fracaso del compañero y viceversa. Así que eso genera una competitividad muy grande entre los compañeros y en consecuencia un compañerismo en muchas ocasiones difícil de llevar. Cada día empiezas de cero, con la inquietud y ansiedad de a ver qué pasa hoy, con la presión diaria de que necesito vender, ya que todos somos conscientes de que nuestro puesto de trabajo únicamente depende de facturar. No hay un sitio donde figure el esfuerzo, la atención hacia el cliente, así que es difícil no transmitir ansiedad, necesidad por vender. Muchas veces pienso que el resultado, la venta, solo depende de la suerte de atender a un cliente que realmente viene derecho o por lo menos con la intención de comprar. Así que son frecuentes los cambios de ánimo, unos días te crees el mejor y poco después que cualquiera vale más que tu.

Hola hijos, claro que os comprendo, tener presente que esta profesión es una carrera de fondo, no tengáis demasiado en cuenta los resultados de ventas de un día, ni siquiera de una semana, habrá veces que sentirás que te has matado a trabajar y no has hecho nada, que te has esforzado al máximo , y si te preguntan qué has hecho si no hay resultado, lo que figura como dices, es que no has hecho nada, eso genera a uno mismo mucha presión si no lo tienes en cuenta como algo normal de esta profesión, esta profesión es muy competitiva, el éxito tuyo es el fracaso de otro de la competencia y viceversa.

Ponte tu mismo objetivos a periodos razonables ya que a diferencia de otras profesiones como sabes es, que si te mandan descargar ladrillos y estas todo el día el resultado se ve, y si te mandan limpiar y lo haces se ve, y así sucesivamente con cualquier labor, no siendo siempre en nuestra profesión así, dedicas y te esfuerzas todo el día toda la semana y si no vendes, lo que figura, lo que se ve, es que no has hecho nada. Como esto es así, no caigas en desilusiones ni nada parecido. Cambiará tu actitud y tu ilusión.

¿Cuántas veces hemos entrado a una tienda con la única intención de pasar el rato, sin ni siquiera llevar dinero?

Y te han atendido fenomenal, pero no has comprado, porque simplemente ibas de paseo. También hay veces que puedes haber hecho una argumentación y atención perfecta, pero al que le estás hablando acaba de recibir una llamada con algún problema o en ese momento le duele una muela, y te está oyendo, pero no escuchando. Tú puedes pensar y es lógico que lo hagas, pero si lo he hecho bien, no sé en qué me estoy equivocando. Acuérdate y ten siempre presente que lo que depende de ti es el esfuerzo, el esfuerzo en todo, no los resultados.

Ahora claro está, no esperes resultados sin esfuerzo.

Y por el contrario no saques pecho cuando ocurre al revés, ¿Cuántas veces hemos entrado a una tienda derechos a comprar un producto determinado?

El vendedor sin hacer ningún esfuerzo, ha vendido, figura que ha vendido, pero simplemente has cobrado: Así que en ese momento tampoco te creas el mejor. Lo que tienes que ser es, constante tanto en el esfuerzo como en tus ánimos personales.

¿A qué te referías cuando comentabas que van muy unidos nuestros valores y estilo de vida, con tu estilo de ventas?

Porque como hemos comentado y transmitido en el libro todo es muy común en nuestra vida diaria. Esta profesión tiene una similitud muy clara de cómo somos en nuestra vida personal y cómo actuamos en nuestra vida profesional. Si uno es dado a decir la verdad, no a mentir, o lo que es peor a decir medias verdades, a saber escuchar, a no juzgar sin ponerse antes en el lugar y circunstancias del que las dice, a ser valiente de pedir disculpas, a ser fuerte para recuperarse de los fracasos, de ayudar, a esforzarse en dar todo lo mejor de uno en todo y a todos, tanto en el trabajo, como en casa, con los compañeros, con amigos, con los clientes, que hasta en el deporte, consciente en una parte de su vida o inconscientemente en otra, siempre coincide que no hay prácticamente diferencias.

Francisco Javier Cantera Calvar
franciscojaviercantera@gmail.com
Derechos de autor 00/11480
RPI VI 1523

www.ingramcontent.com/pod-product-compliance
Lightning Source LLC
LaVergne TN
LVHW010632200726
843507LV00011B/1686